世界音乐家传记丛书

巴托克
Bartók

[英] 哈米什·米尔恩 著

耿小龙 译

江苏人民出版社

图书在版编目（CIP）数据

巴托克 /（英）哈米什·米尔恩著；耿小龙译. -- 南京：江苏人民出版社，2021.12
（世界音乐家传记丛书）
书名原文：Bartók
ISBN 978-7-214-26509-8

Ⅰ.①巴… Ⅱ.①哈…②耿… Ⅲ.①巴托克(Bartok Bela 1881-1945) – 传记 Ⅳ.①K835.155.76

中国版本图书馆CIP数据核字(2021)第195400号

ILLUSTRATED LIVES OF THE GREAT COMPOSERS: BARTÓK BY HAMISH MILNE
© Hamish Milne 1982.
First published by Midas Books in 1982.
This edition published in 1987 by Omnibus Press, a division of Book Sales Limited.
Simplified Chinese translation reprinted by arrangement with Omnibus Press.
All rights reserved. No part of this book may be reproduced in any form or by an electronic or mechanical means, including information storage or retrieval systems, without permission in writing from the publisher, except by a reviewer who may quote brief passages.
Simplified Chinese translation copyright © 2021 by Jiangsu People's Publishing House. All rights reserved.
For distribution in PR China only.
江苏省版权局著作权合同登记：图字10-2016-127号

书　　名	巴托克
著　　者	［英］哈米什·米尔恩
译　　者	耿小龙
责任编辑	李晓爽
特约编辑	孟　璐
封面设计	陶霏霏
封面制作	陈　婕
责任监制	王　娟
出版发行	江苏人民出版社
地　　址	南京市湖南路1号A楼，邮编：210009
照　　排	江苏凤凰制版有限公司
印　　刷	苏州市越洋印刷有限公司
开　　本	787毫米×1092毫米　1/32
印　　张	8.75　插页5
字　　数	115千字
版　　次	2021年12月第1版
印　　次	2021年12月第1次印刷
标准书号	ISBN 978-7-214-26509-8
定　　价	45.00元

（江苏人民出版社图书若有印装错误可向出版社调换）

Contents 目录

第一章	筚路蓝缕	001
第二章	求学生涯	019
第三章	民族音乐的守护者	045
第四章	曲高和寡知音少	069
第五章	风云突变	101
第六章	明枪暗箭	119
第七章	蜚声国际	147
第八章	登峰造极	173
第九章	纷乱与扰攘	197
第十章	客死他乡	227
第十一章	尾声	249
作品一览		259
参考文献		275

PART I

第一章

筚路蓝缕

巴托克在一次民谣采集的途中

如果不全面了解奥匈帝国在长时间的垂死挣扎中其地缘政治的剧烈变动,那么想要追踪匈牙利最伟大的音乐巨匠贝拉·巴托克(Béla Bartók)到底出生何处,必将徒劳无功。人们可能会认为巴托克出生在匈牙利,这种观点倒也没错,但即使知道他1881年3月25日出生于托伦塔(Torontál)县的纳吉森特米克洛斯(Nagyszentmiklós),也无济于事,因为在如今的地图上是找不到这个地方的。如果有人想起匈牙利东部的大部分地区在1920年的和平条约中被割让给罗马尼亚,那么他仍需要知道纳吉森特米克洛斯后来改名为桑尼克劳马瑞(Sînnicolaul Mare)。除此之外,了解该地区地缘上的复杂多变以及多语言共存的现状也很重要,因为它们对巴托克的生活和工作影响深远。我们应该记得,长期以来巴托克都是以"钢琴家、作曲家和民歌采集者"的身份被人们知晓。巴托克的民族主义可以被视为源于一种强烈的民族自豪感,而不是对风土物候、政治传统甚至是"家国情怀"的感性依恋。虽然不能否认的是,"家国情怀"在那些更浪漫的爱国者的民族主义热情中扮演着举足轻重的角色。

事实上,种族和语言方面的龃龉一直是政治上最棘手的问题,是时局动荡的根源所在,正是这根源问题最终导致哈布斯堡(Hapsburg)帝国解体,并形成今天的东欧诸国。事后看来,不难理解为什么哈布斯堡君主政权自从法国革命以来一直在打败仗。从那时起到最终解体的120年左右的时间里,它在政治上的成就只能通过延缓覆亡来衡量。在19世纪中叶,奥地利、匈牙利、捷克斯洛伐克、波兰和意大利对革命运动的镇压或多或少有些血腥,然而这些镇压有效地恢复了一种稳定的幻觉。不过,这些措施长远看来不但不能浇灭激励了革命的根本渴望,反而将其点燃。1849年拉约什·科苏特

(Lajos Kossuth)领导的匈牙利人民起义惨遭失败。用佐尔坦·科达伊(Zoltán Kodály)的话来说:

> 这仍然是挥之不去的残酷记忆。在街头仍然随处可见当年参加起义的长者和仍然留着科苏特式胡须的老人。

奥地利在其于意大利的军事行动遭遇挫败之后,在1867年与匈牙利匆忙签订了《奥匈协定》(*Ausgleich*),建立了所谓的"二元君主制"(Dual Monarchy),并且引进了保守措施和自由主义措施的松散组合,而两者又或多或少地相互否定,所以爱国人士的群情激奋在协议签订后也并未得到缓和,不安与动荡在表面的妥协之下继续升腾。

在匈牙利,革命的暗流是双重的,而且各种运动只是通过一个未经定义的概念——"匈牙利人的匈牙利"勉强纠合拼凑在一起。尽管这种纠合在领导者身上并不总是显而易见的,但分裂主义和无产阶级并不是同义词，他们的目标很容易发生冲突，甚至是完全对立。在19世纪的匈牙利，对人民大众的镇压与奴役不仅来自国外势力，而且也源于异常众多且极度封建的贵族力量。

巴托克的民族主义弥合了两个阵营，这种倾向在他的职业生涯早期，就已经成为他艺术宣言的核心。以至于在巴托克的音乐之外目标的正当性问题上，政府官员和知识分子之间展开了激烈的论争。巴托克的音乐在匈牙利演出，他所研究整理的民间音乐出版发行，确实引

左图为巴托克的父亲，他在巴托克7岁时去世（匈牙利人民共和国大使馆提供）。右图为巴托克的母亲，巴托克最早的音乐启蒙和训练都是由其母亲完成的

来了无关大局的异议，可是这样的异议同内在的艺术或学术价值并没有多大关系。

然而，政治上的不满似乎并没有对巴托克的直系亲属产生太大影响，因为巴托克的父辈和祖辈都在既定的秩序中为自己找到安身立命之所。后来，巴托克在他的学生时代也曾责备（并且是毫不留情地）他的母亲趋附奉承家族中的亲德势力，认为这是不爱国的表现。巴托克的祖父亚诺什（János）是纳吉森特米克洛斯的农业学校的校长，十分受人敬仰。在他1877年去世后，巴托克的父亲老贝拉（Béla senior）在22岁时继任校长一职。3年后，他与一位颇有成就的业余钢琴家兼教师葆拉·沃伊特（Paula Voit）结婚，第二年，他们的第一个孩子贝拉·巴托克出生了。

这个家庭稳定的中产阶级状况并不意味着这对年轻父母不求进取、缺乏想象力。相反，巴托克的父亲似乎是一个精力充沛、富有想象力的人，他的进取心和决心激发了他的公民责任感。他为农业改革和集约化制订了

纳吉森特米克洛斯的农业学校,巴托克的祖父和父亲都曾任校长

广泛的计划,并就教育问题写了大量的文章。在本书的论述背景下,更重要的是他对文化的广泛兴趣,尤其是对音乐的热爱。他是建立纳吉森特米克洛斯音乐协会的核心成员,他甚至还学会了大提琴,以便能在该协会的管弦乐队中演奏。尽管镇上居民主要是匈牙利人,但该镇拥有规模庞大的德国人、罗马尼亚人和南斯拉夫人社区。在这样的背景下,调和不同族群本身就绝非易事。

幼儿时期的巴托克在音乐方面的启蒙和发展很大程

度上是在母亲葆拉深情的呵护下完成的,这从她对巴托克童年的记录中就可见一斑。这些记录所揭示的,无非是人们对一个音乐天赋出众的孩子的期望,他甚至能用一根手指在钢琴上弹奏民谣,然而这些记载尚不能完全预示巴托克今后在音乐方面的天分。就像任何一个优秀的中产阶级家庭一样,巴托克夫妇通过给孩子弹奏乐曲,并带他去当地的音乐会,来陶冶、培养巴托克的音乐才能。葆拉带着一份宠溺孩子的母爱回忆道:

> 其他客人又吃又喝,他却立刻放下刀叉,全神贯注地听着。他听得很高兴,但又很生气,因为在播放这么美妙的音乐时,其他人竟然还能继续吃东西。

巴托克5岁时,在他自己坚持不懈的要求下,他开始跟随母亲学习钢琴。对于即将到来的舒适童年,一切似乎都准备就绪。 但是,一个残酷的变故让未来几年的岁月困难重重、荆棘载途。巴托克的父亲一直身体欠佳,尽管也去过奥地利休假和"治疗",他还是在1887

巴托克与妹妹，1892年于波日松尼（Pozsony）

年底被迫辞去了工作。然而，他的病情持续恶化，已经达到了不可扭转的态势，最终于次年8月4日撒手人寰。

因此，可怜的葆拉失去了丈夫，没有了经济来源，无法抚养两个孩子（女儿埃尔莎［Elza］当时只有3

岁）。葆拉的姐姐伊尔玛（Irma）搬来和他们同住，尽她所能地提供帮助，而葆拉则暂时继续给巴托克上钢琴课。巴托克从小就性格内向，而且还经常生病。严重的胸部感染是常有的事。加上他有明显的皮肤病，这使他更加不愿意与其他孩子一起玩耍。眼前的危机和母亲不可避免的对实际问题的关注只会让他感到更加孤独。虽然说在巴托克的一生中，他给所有遇见他的人都留下了一种极端保守的印象，但是很少有人会怀疑他沉默寡言的举止背后那钢铁般的意志和不屈不挠的精神。面对极大的困境，巴托克并不害怕发出自己的声音，这样的品质将在后面的论述中逐渐呈现出来。

经过一年左右的时间，这个家庭才开始摆脱悲剧的阴影，并且以更加积极的态度面对未来。葆拉在纳吉索洛斯（Nagyszöllös）的一所学校找到了一份工作，他们在那里待了3年。在此期间，贝拉·巴托克的音乐发展又恢复了往昔的势头。他开始创作简短的钢琴曲，他的才华也开始吸引当地和来访音乐家的注意。但是葆拉对任何关于她儿子"美好未来"的预测都非常谨慎,她把巴托克送到纳吉瓦拉德(Nagyvárad)的学校,在那里,她的另一个姐姐埃玛(Emma)可以照顾巴托克。然而,这并没有取得什么明显的成效,第二年巴托克就回到了纳吉森特米克洛斯,在那段时间里,他在音乐上的进步显然超过了他在课业上取得的成绩。他在一场当地音乐会上的表现取得了很大成功,他不仅弹奏了贝多芬的奏鸣曲《瓦尔德斯坦》(*Waldstein*)中难度很大的第一乐章,还表演了他自己的作品《多瑙河水流》(*The Flow of the Danube*)。如果说单凭这曲小音诗就能预见巴托克光辉的未来,那简直是愚不可及,但它确实呈现了巴托克早期的创造性冲动,当然这种创作力还远未成熟。更重要的是,这个小小的成功给当地一位学校督查员留下了良好的印象,这位督查帮助葆拉获得了一年的休假。而葆拉毫不犹豫地举家搬到了一个重要的文化中心:非常迷人的波日松尼(即现在的布拉迪斯拉发[Bratislava]),在那里她希望为自己找到更好的工作，并为她的孩子提供更好的教育。可惜，这次的冒险并不顺利，因为找工作的计划没能实现。在休假结束时，她只能被迫接受在贝兹特斯（Beszterce）的工作职位，这地方甚至比纳吉索洛斯还要更令人提不起精神。然而，在1894年，葆拉的坚持终于得到了回报，她被波日松尼师范学院录用，历时5年的漂泊游荡终于结束了。

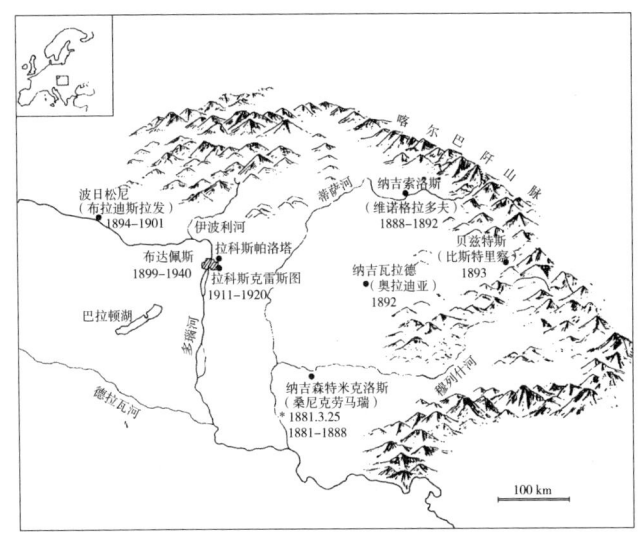

巴托克早年生活的传记地图

对于巴托克来说，这样的变化具有不可估量的好处。

"在那些日子里，"他在一本1923年出版的自传中写道，"波日松尼是所有匈牙利城镇中最为繁华的一个。"

之前，巴托克为了在波日松尼定居，曾经跟随费伦茨·埃尔凯尔（Ferenc Erkel）的第三子拉斯罗·埃尔凯尔（László Erkel）学习音乐。费伦茨·埃尔凯尔是匈牙利广受尊敬的作曲家，他的歌剧至今仍然定期在布达佩斯歌剧院（Budapest Opera）演出。费伦茨共有4个儿子，而且他们无一例外都是音乐家。巴托克此时急切地恢复了以前的课程：

一直到我15岁，我都跟随他学习和声和钢琴，他也让我去看歌剧和音乐会……我也没有忽视室内乐，所以在我18岁的时候，我对巴赫（Bach）到瓦格纳（Wagner）（虽然只到《唐豪瑟》）的音乐有了很好的

拉斯罗·埃尔凯尔,费伦茨·埃尔凯尔的儿子。他在19世纪90年代教过巴托克

了解。在此期间,我开始学习作曲。勃拉姆斯(Brahms)和多赫南伊(Dohnányi)对我影响很深,多赫南伊比我年长4岁,他的早期作品给我留下了深刻的印象。

多赫南伊是匈牙利音乐领域的重要人物，在整个欧洲都赫赫有名。他是一位杰出的钢琴家、教师兼指挥家，他以一种"后勃拉姆斯"的风格创作了极具感染力的音乐，技艺精湛、成就非凡。他为钢琴和管弦乐队精心改编的一首儿歌，即《一闪一闪小星星》（*Twinkle Twinkle Little Star*），至今仍然是其所有曲子中最好的一首，不仅诙谐幽默，而且充满活力和生气。有一段时间，巴托克似乎打定主意，也想成为同样类型的作曲家。可是不得不说，从他早期作品来看，他并不像多赫南伊那样擅长此种风格的创作。当然，当巴托克找到了自己的方向，并成长为20世纪最伟大的原创音乐家之一时，他们二人的音乐风格就不可调和地产生了分歧。不过，值得称道的是，巴托克的保守主义倾向并没有妨碍他对年轻人身上体现的豪迈与粗犷的特质保持浓厚的兴趣，这要归功于多赫南伊的影响。

总之，在波日松尼的这5年是一段拮据窘促的时期，也是巴托克积累巩固的重要岁月。父亲去世与居无

波日松尼。巴托克在此开始了系统的音乐学习

定所带来的创伤暂时告一段落,巴托克在音乐上也稳步走向成熟。他把大量的时间花在钢琴练习上,因为不经历这样严格、系统的训练,任何人都不可能成为一名钢琴师。通过自己的学习和在音乐环境中受到的熏陶,巴托克在面对大师们积累下来的音乐遗产和知识时也逐渐有了如饮醍醐、豁然贯通的感觉。1896年拉斯罗·埃尔凯尔去世后,巴托克继续跟随如今已被人们遗忘的作曲家海特尔(Hyrtl)学习,期间没有出现长时间的间断。

波日松尼与维也纳在地理、历史和社会上都如此相近,以至于它与这座哈布斯堡王朝的首府有着长久的联系,因此巴托克毫无疑问会选择去往维也纳的音乐学院学习音乐。1898年12月8日,他带着极大的兴奋同母亲动身前往维也纳。他以优异的成绩通过了入学考试,并拿到了国王基金的奖学金。通常情况下,由于专制政权的特殊性,这样的奖学金名额一般都会保留给奥地利出生的候选人。

毋庸置疑,经历长期辛劳的母亲葆拉激动不已,她对儿子深感自豪。可是就在短短几周内,巴托克拒绝了维也纳音乐学院提供的机会,并作出了去布达佩斯音乐学院学习的重大决定。这样的决定不可避免地在家里引起了巨大的争议,但巴托克在自传中不带感情、言简意赅地记述道:

> 在当时的波日松尼,维也纳音乐学院被认为是唯一的音乐中心。尽管如此,我还是听从了多赫南伊的建议,选择了布达佩斯。

第二章

求学生涯

1899年的巴托克，他在这一年进入布达佩斯音乐学院学习（匈牙利人民共和国大使馆提供）

在音乐方面,正如在其他方面一样,匈牙利很大程度上是奥匈帝国的附庸。上层的贵族阶级(在许多情况下,他们的财富和影响力要归功于他们对哈布斯堡王朝的谄媚与奉承)都雇佣了规模庞大的乐团。一般来说,这些乐手都是从德国或奥地利聘请的,他们在很大程度上确立了德奥音乐的传统。直到20世纪初,德奥传统还一直主导着匈牙利的音乐界。其中最著名的音乐家是约瑟夫·海顿(Josef Haydn),他是米克洛什·埃斯特哈齐亲王(Prince Miklós Esterházy)府上常驻的作曲家和音乐总监,所以海顿许多最伟大的古典时期作品实际上是在匈牙利创作和首次演出的。海顿也并不否认他的许多作品都得益于在匈牙利长期流行的"吉卜赛"音乐。他的G大调钢琴三重奏的最后乐章,即所谓的"吉卜赛

海顿油画像。托马斯·哈代（Thomas Hardy）作

回旋曲"（Gypsy Rondo），就是众多例子中最著名的一个。佐尔坦·科达伊曾经指出：

> 海顿是第一个向全世界宣布匈牙利音乐表达方式已经确立的音乐家，这种表达方式不同于其他任何一种音乐风格。

海顿所使用的元素在多大程度上真正代表了匈牙利

的音乐精神是另一回事，而影响巴托克和科达伊努力建立真正的匈牙利民族风格的人到底是不是海顿，也有待商榷。然而毋庸置疑的是，海顿的出现为匈牙利国民音乐意识的觉醒注入了一针强心剂。科达伊也承认这一点：

在匈牙利的小镇上，只要有会拉小提琴的人，无论是学生、公务员还是其他什么人，他们都会坐下来，演奏海顿的弦乐四重奏。对这些人来说，海顿的音乐是他们通向古典音乐至高境界的唯一途径。

海顿（以及之后的舒伯特［Schubert］和勃拉姆斯）使用的素材，为其作品添加了些许匈牙利当地的色彩。而这种素材大体上有两个来源：其一是所谓的"入伍欢送曲"（verbunkos）①，这种曲风是匈牙利古代舞曲和流行歌曲的混合体；其二是后来的吉卜赛查尔

---

① 这个词来源于德语的Werbung（入伍）。一般这种音乐都是在招募士兵入伍的场合演奏的。

达什舞曲（csárdás）。在19世纪的政治纷乱中，这种风格获得了象征性的地位。匈牙利作曲家不顾它对民族纯粹性构成的威胁，欣然接受其影响并将其作为爱国热情的证据。即便如此，这在很大程度上不过是一种美化和虚饰，像米哈里·莫森伊（Mihály Mosonyi）、费伦茨·埃尔凯尔和世界主义的李斯特（Liszt）这样的作曲家，尽管投身于民族主义事业，但基本上仍属于西欧浪漫主义音乐的主流。李斯特是他那个时代最著名的匈牙利音乐家（他的父亲曾受雇于埃斯特哈齐家族），尽管他早年就离开了祖国，但晚年他对匈牙利事务的关注与日俱增。这也反映在他的音乐当中，他年轻时奔放的匈牙利狂想曲让位于鲜明的《匈牙利历史人物肖像》（"Hungarian Historical Portraits"）和"匈牙利"风格的教堂音乐。他访问布达佩斯更加频繁，停留的时间也越来越长。面对军事和政治上的挫败，文化理想似乎是迈向民族认同的积极一步，所以当1875年国家音乐学院成立时，他极其自豪地接下第一任院长之职，埃尔凯尔成为首任音乐总监。

虽然民族主义的热情方兴未艾，但德奥音乐的影响仍挥之不去。1899年9月，当巴托克在学院开始他的第一个学期的学习时，情况大致如此。继任埃尔凯尔的是欧登·米哈洛维奇（Ödön Mihalovich），一个狂热的瓦格纳主义者。那时候，布达佩斯歌剧院已经达到了国际一流的地位，但主要是在伟大的奥地利作曲家兼指挥家古斯塔夫·马勒（Gustav Mahler）1888年至1891年间那振奋人心的指挥下实现的。

布达佩斯并不是没有受到19世纪资本主义和工业化等其他强大力量的影响，而在这些力量的影响之下，日益紧密的交流也突破了自然条件的束缚。正如前面提到的种种原因，波日松尼与维也纳保持着密切的联系，并带有一定的资产阶级保守主义色彩，而布达佩斯则屈从于更具魅力的、世界性的影响。即使算不上是那种五光十色的名利场，但在日常生活方式上，布达佩斯与巴黎、维也纳相比也可以说不分上下。赌场和众多豪华的

1903年左右的布达佩斯

餐馆时常迎来豪阔贵族的光顾,而路边的咖啡馆里则上演着时下文学和政治思想的辩论。严肃自律的青年巴托克并没有受到这些喧嚣熙攘(他只要在人多的地方就不自在)的干扰,但他对这个城市激昂蓬勃、千姿百态的文化生活作出了回应。

巴托克在音乐学院的钢琴教授是伊斯特万·托曼(István Thomán),他曾是李斯特的学生,也是多赫南伊的老师。托曼扮演了一个包容的角色:他对学生的音乐技法和学术进步的监督，是与日常无微不至的关怀以及对艺术经验的培养结合在一起的。大约25年后，在一封写给老师的感谢信中，巴托克表达了他很少在公开场合表现出来的热情：

在我通过音乐鉴定考试的几个月后，我甚至没有想到托曼会记得我。然而意想不到的是，我收到了恩师的信。那是一封很短的邀请信，让我作为他的客人去布达佩斯，听伟大的指挥家亚诺什（汉斯）·里希特（János [Hans] Richter）和爱乐乐团演奏贝多芬（Beethoven）的《第九交响曲》。因为托曼觉得这一音乐盛会对一个年轻音乐家的发展非常重要。不用说，这封信只是他对我无与伦比、如父爱般关怀的开始。第二年，当我成为他的学生时，他对我的关心更是周到细致、体贴入微。

巴托克对托曼的教学方法也有一些有趣的观察：

伊斯特万·托曼的钢琴班，1901年。巴托克站在后排左起第三位。这一排最左边的是著名钢琴家阿诺德·塞凯伊（Arnold Székely）。他是格奥尔格·索尔蒂爵士（Sir Georg Solti）和安妮·菲舍尔（Annie Fischer）的老师。前排右三是费利西塔丝·费边（Felicitas Fábian），她是巴托克年轻时钟情的对象，巴托克的很多早期作品都是为她创作的

当我第一次来到托曼课上的时候，我可以说是一个"粗野"的钢琴家。我的技术很好，但很粗糙。托曼教会了我正确的手位姿势，从那时起，所有这些"自然"和"凝练"的动作才形成一个真正的理论体系，然而，李斯特已经本能地将这些运用到他的钢琴演奏上了。作为李斯特的学生，托曼可以将这些技艺直接从这位钢琴大师身上继承过来。因此，这样的最初指导让我慢慢掌握了对钢琴音色的把控。

巴托克把托曼的个性概括为:

沉稳审慎,机智老练,博施兼爱,技艺超群。

托曼对新学生悉心关照,第一步就是推荐巴托克跟随亚诺什·柯斯勒(János Koessler)学习作曲。然而,这种新际遇所带来的好处不太容易评估。不可否认,柯斯勒是一位非常有能力的音乐家和教育家,但他是旧派的代表,并且是一位坚定的勃拉姆斯拥护者,他坚持正统的学院派范式,不相信任何形式的新奇事物。

特别不幸的是,这种勃拉姆斯范式和理路贯穿了巴托克在波日松尼经历的那个阶段,而这正是他在努力摆脱的东西。他的困惑和沮丧在写给母亲的信中表现得很明显,几乎从他跟随柯斯勒学习的伊始便已显现出来。在1900年1月的信中,巴托克写道:

我开始尝试创作五重奏。柯斯勒教授说这些都不成样子,建议我应该从一些更简单的东西开始,比如歌

亚诺什·柯斯勒,巴托克在布达佩斯音乐学院的作曲老师。然而在他的指导下,巴托克并没有创作出多少成果(匈牙利人民共和国大使馆提供)

曲。我不知道我写的五重奏有什么不好的,因为他只是笼统地说,我应该更加注意主题的选择等……我觉得我的作品基本上是健全的,只不过需要修改罢了,特别是在形式方面。但是如果说已经到了很糟糕以至于不能改善的地步，那就相当严重了。

无论如何，结果是巴托克的创作欲望在大约两年的时间里几近枯竭。作为一名作曲家，他显然是在经历一种自我反省和重新评估的状态，如果把责任完全归于柯斯勒老师可能是不公平的，巴托克的时间也远非被浪费了。他热情地为托曼工作，并且从中获益颇丰；作为一名钢琴家，巴托克也获得了越来越多的尊重。尽管生活的窘迫是困扰他的一个长期问题，但他还是设法充分利用了布达佩斯丰富的音乐资源。他全身心地投入到对瓦格纳的成熟作品和李斯特管弦乐作品的研究之中，也许是以此来驱除勃拉姆斯的影响。同时，他很少错过任何一个伟大独奏家或合奏团的来访演出。他在家书中对尤金·达尔伯特（Eugene D'Albert）、埃米尔·绍尔（Emil Sauer）、简·库布利克（Jan Kubelik）等艺术家进行了仔细的评价和比较。为了实现这一切，巴托克不

得不靠上钢琴课来勉力维持。托曼一如既往地在这方面给予巴托克帮助:

他为我弄到一张免费进场欣赏绍尔钢琴独奏会的票,所以我可以卖掉我已经买的票。现在他又给了我一张《女武神》(*The Valkyrie*)的票。

巴托克的健康状况从他入学开始就让家人再次担忧起来。1899年10月,他患了支气管炎,病情特别严重,不得不回家休养。他的医生非常担心,因此强烈建议他放弃这充满压力和辛劳的音乐事业,去做一些不那么费力的事情。后来事实证明,这是一种杞人忧天的观点。因为这一次,他的中断并没有持续太久,整个学年里病情都没有再次复发。然而,当暑假结束,他正要返回布达佩斯开始他的第二学年时,他又病倒了。这一次情况更严重,胸膜炎和肺炎并发。对他生命安危的担忧也许被夸大了,但是巴托克确实经历了几个月的休养才恢复健康,得以继续学习。可是等到病好以后,他已赶不及

1901年夏天,在波日松尼的家庭聚会。从左至右分别是大病初愈的巴托克、妹妹埃尔莎、姨妈伊尔玛和母亲葆拉

参加第二学年的课程了。不过巴托克充分利用了这段时间来巩固他的钢琴技术并学习了新曲目,包括李斯特不朽的《b小调钢琴奏鸣曲》(Sonata in B minor),李斯特强大的个性越发融入巴托克的音乐意识之中。"李斯特问题"(1936年巴托克向匈牙利科学院提交的一篇论文就以此为题)占据了他多年的思想。像许多音乐家一样,巴托克对李斯特的种种矛盾感到困惑,因为他天赋异禀中的确带有几分造作,感官享乐中又有禁欲主义的制衡。尽管巴托克对李斯特的《b小调钢琴奏鸣曲》持

李斯特,被视为匈牙利音乐之父

保留意见,但他后来将其归因于对这首曲子的误解。他也曾补充道:"当然,当时我也不理解贝多芬晚期的奏鸣曲。"1901年10月,他在布达佩斯音乐学院的一场音乐会上演奏了李斯特的这首奏鸣曲,获得了巨大的成功。

尽管他在钢琴方面取得了显著的进步，但他在跟随柯斯勒学习时所遇到的创作停滞仍然没有得到解决。他那些尽职尽责的创作，只不过是为了完成任务的练习之作罢了。

在巴托克的自传中，他以超然的态度回忆了当时的情况，并没有提到他内心经历的自我怀疑和痛苦：

我摒弃了勃拉姆斯式的风格，但并没有通过瓦格纳和李斯特找到人们热切渴望的新途径。（当时我没有领会李斯特对现代音乐发展的真正意义，只看到了他的作品在技巧方面的过人之处。）我有两年没写出过独立的作品。

然而，在他定期聆听爱乐音乐会的过程中，"新的路径"在他面前展现了出来，但事实证明，这并不是通向他真正命运的道路。这一次，他对事件的描述让我们清楚地感受到压抑已久的挫折感，正是这种挫折感带来了解脱：

《查拉图斯特拉如是说》（*Also sprach Zarathustra*）在布达佩斯的首演像一道闪电，将我从这种创作停滞中惊醒。虽然这部作品在音乐界引起了极大的反感，但它让我热血沸腾。

他立即对理查德·施特劳斯（Richard Strauss）进行了全面的探索，他确信施特劳斯的方法"为新生命埋下了种子"。然而这注定是一种相对短暂的热情，人们几乎可以把它描述为年轻时的迷恋。因为根据我们现在对巴托克后期风格和信条的了解，施特劳斯似乎不太可能成为巴托克的真正英雄，反而是"浪漫主义滋长"的罪魁祸首，几年之后，巴托克果断地告别了这种热情。但是，理查德·施特劳斯毋庸置疑是当时的风云人物，在他魔力的影响下，巴托克恢复了自己的创造力，写出了一系列新的作品。巴托克的痴迷也使他将施特劳斯的鸿篇巨制，音诗《英雄的生涯》（*Ein Heldenleben*）改编成了钢琴曲。巴托克卓越的表现力给他钢琴家的声誉增添了光彩，他由此受邀在维也纳著名的音乐家协会（Tonkünstlerverein）演出。巴托克也带着一种调皮心态，在柯斯勒面前炫耀这一特别成就。可想而知，柯斯勒并不会欣赏那种后瓦格纳风格的繁复奢靡。

这种心理上的突破带来了一个令人欣慰的副作用（毫无疑问，这得益于他地位提高所带来的自信），那就是巴托克在社交上的压抑得到释放。他开始出现在各种各样的私人音乐聚会上，这些聚会是布达佩斯这座城市的音乐和学术生活中最具活力的元素。对巴托克来说，这些会面中最让人感到亲切的是在埃玛·格鲁伯（Emma Gruber）家里举办的聚会，格鲁伯是一位富商兼业余小提琴家的妻子。正是在这里，巴托克第一次遇见了佐尔坦·科达伊，一位与巴托克真正志同道合的音乐家。在所有音乐事务上，特别是民间音乐研究和教育项目上，科达伊是巴托克一生的知己和搭档。格鲁伯这位杰出的女士也远非凡夫俗子，她是一位真正有造诣的钢琴家和作曲家。因此，她曾经跟随巴托克学习的经历究竟是一种自我完善,还是一种赞助行为,就无从知晓了。无论如何,在格鲁伯1910年离婚并改嫁科达伊后,她与巴托克的友谊就更加稳固了。

在格鲁伯家中,巴托克也重新认识了多赫南伊。多赫南伊彼时已经是闻名欧洲的艺术大师。巴托克在音乐学院的最后一年,安排自己在格木登(Gmunden)接受多赫南伊高强度的授课指导。授课安排必须秘密进行,因为多赫南伊也分身乏术,不能完全掌控自己的时间,他常以工作压力为借口,搪塞大批吵着要向他学习的年轻钢琴家。

这一时期巴托克最富有成果的产出是一系列大型组曲,也就是我们今天所见到的巴托克的大部分遗作。经历了那稚气未脱的青年时期,这些产生于作品编号之前的曲目可以说是巴托克全部作品中极其重要的组成部分。其中一部三乐章的《小提琴和钢琴奏鸣曲》并没有得到太多的认可。也很少有人听过那雄心勃勃的、深奥难懂的《四首钢琴小品》。而奢华繁复的《钢琴五重奏》于1970年才得以出版，尽管它在细节处还略显粗糙，但仍有很多值得称道之处。我们发现即使这些曲子和巴托克的经典作品同时出现在一套曲目中，它们仍然得到了观众们的广泛欢迎。不得不说，这些曲子中最杰出的一首要数施特劳斯奢华风格的《科苏特交响诗》（*Kossuth Symphony*），更确切地说是《科苏特—大管弦乐交响诗》（*Kossuth — Symphonic Poem for Full Orchestra*）。在这里，我们必须再一次回到匈牙利政治风云的大背景之中。

正如我们所看到的，反哈布斯堡王朝的怨恨一直在稳定的表象下积聚能量。在1902年至1903年间爆发的一系列事件激起了民众更大的愤怒，并在巴托克那沉寂的政治意识中煽起了熊熊烈火。匈牙利议会提出一项议案，建议增加帝国军队开支。主要效忠维也纳哈布斯堡家族的匈牙利军队长期以来都是分离主义分子的眼中钉，而在军队里使用德语作为官方语言是一个具有象征意义的问题。事实上，德语仍然是上层和中产阶级的共同语言(就像法语在俄罗斯被认为是有教养的标志一样),而且也是各民族之间交流的一种手段。但是,当弗朗茨·约瑟夫皇帝(Emperor Franz Joseph)以独裁的轻蔑态度,直截了当地拒绝在军队中使用匈牙利语时,则被谴责为最恶毒的背叛,这证明1867年的妥协案不过是虚伪的空头支票。暴动和骚乱几乎是每天都会发生的事,巴托克也满怀激情地加入到要求摆脱外国枷锁的普遍呼声中来。他开始穿着匈牙利民族服装去音乐学院上课,斥责母亲和姨妈说德语,并用民族主义口号题写信的标题。但在更深层次上,巴托克与那种集体狂热和歇斯底里相去甚远,他在给母亲的信中写道:

每个人在成熟的时候,都要给自己设定一个目标,并让所有的努力和行动都指向这个目标。就我个人而言,在我生命中的每个维度都始终只有一个目标:匈牙利国家和人民的利益。

所以,当巴托克开始创作他自己第一部伟大的管弦

19世纪与20世纪之交的布达佩斯(科维纳提供)

乐作品、他自己的《英雄的生涯》时,他脑海中的英雄应该是领导匈牙利起义但壮志未酬的科苏特,这难道不是很自然的吗?

巴托克的《科苏特交响诗》从一开始就有很好的兆头。就连柯斯勒看了钢琴谱也表达了谨慎的赞同,并建议巴托克编成管弦乐曲,希望此曲能在学院的音乐会中上演。但更令人兴奋的事情还在后头。布达佩斯爱乐乐团决定在1904年1月演出该曲。更棒的是,在1904年夏天于波日松尼的一次偶然会面中，伟大的指挥家汉斯·里希特很是欣赏巴托克的才华，他承诺安排哈勒管弦乐团（Hallé orchestra）在曼彻斯特演奏此曲。

在布达佩斯，民族主义的音乐作品总是能引发强烈的反响，首演所引发的爱国口号甚至比报纸上的评论还要多。从某种意义上说，巴托克正是凭借他真情流露而又不乏怂恿情绪的乐曲说明引发了爱国主义的激情。乐曲共有10个乐章，每个乐章都有一个解释性的标题，比如"危险迫近祖国""来吧，优秀的匈牙利勇士和英雄"等。巴托克用一种对于《天佑吾皇》（奥地利国歌）的滑稽模仿来代表奥地利军队，令乐团的一些非匈牙利籍成员难以接受，他们在第一次排练时放下乐器以示抗议。然而，这种负面评价丝毫无损于这位年轻作曲家日益增长的声誉。

当然，在曼彻斯特的演出并没有引起这样的激情，巴托克在同一个节目中对李斯特和福尔克曼（Volkmann）的钢琴独奏曲的演奏取得了更大的成功，交响乐反而黯然失色。当时并无偏见的听众可能会和我们今天的乐迷在少有的场合下听到此作品的感觉一样。这部作品虽然不乏让人印象深刻的段落，可是如此模仿施特劳斯的音诗，它也只能承受不可避免的比较了。

在这笙歌鼎沸之中，巴托克的学生时代也渐渐落下帷幕。他对未来并没有什么不切实际的幻想。虽然他有理由认为自己在作曲领域已经留下了不可磨灭的印记，但在可预见的未来，他还必须靠演奏和教学谋生。

第三章

民族音乐的守护者

巴托克作为钢琴演奏家的职业生涯展现出一个很好的开端。即使是在筹备《科苏特交响诗》期间，他也得不时地停下手头的工作，去完成钢琴演奏的任务。此外，他的名声在奥匈之外也广为人知，部分原因是多赫南伊的热情推荐。巴托克从布达佩斯音乐学院毕业后，即获得了李斯特奖学金，这使得他能够在柏林待上好几个月。而且他在当地的名声已经足以吸引至少两位伟大的钢琴家——布索尼（Busoni）和戈多夫斯基（Godowsky）——亲临现场听他的独奏会。他在曼彻斯特的表现也为他赢得第二年在伦敦的演出机会。尽管如此，毫无疑问，他不会被自己的成功吸引到旅行演奏艺术家那相对狭隘的领域中去。他强烈地感到有必要隐居一段时日，这不仅是为了在自己的创作上有所作为，更是要通过对哲学和道德问题的思考来获得人生的目标。因此，1904年春天，他隐居于格利斯平原（Gerlicepuszta），在那里待了6个月，只在8月份短暂离开，去拜罗伊特音乐节（Bayreuth Festival）朝圣（所有瓦格纳乐迷都认为此朝圣不容推卸）。在那里，他又遇到了汉斯·里希特，他对巴托克最新创作的一首钢琴和管弦乐队的谐谑曲非常着迷。它算是一首施特劳斯式的"庞然大物"，完全可称得上纯熟完备的协奏曲。但巴托克在那个夏天创作的最有趣的作品是《第一狂想曲》（*Rhapsody No. 1*）。它有几个不同的版本，其中钢琴和管弦乐队的版本是权威的定本。毫不意外，这首曲子有十分明显的李斯特印迹，因为巴托克在创作这部作品的同时，也在努力准备李斯特的几部重要作品。很明显，他对这部作品很满意，因为他用这部作品，连同《钢琴五重奏》一道，参加了1905年夏天在巴黎举行的鲁宾斯坦竞赛（巴托克以作曲家和钢琴家的双重身份参加）。这次巴黎之行注定是一次艰苦的经历，但它对巴托克的人生观和性格的影响也许并不完全是消极的。

在巴托克看来，这场比赛是一场耻辱的惨败。德国钢琴家威廉·贝克豪斯（Wilhelm Backhaus）赢得了钢琴演奏的冠军，巴托克承认贝克豪斯是一个值得尊敬的对手，但他并不承认贝克豪斯一定比自己弹得好。

巴托克认为，"你更喜欢谁的表演，完全是一个审美问题"。

然而，正是在作曲的比赛中，巴托克尝到了失败的真正痛苦。向公众公布的事实是这样的，评审团决定不颁发任何现金奖项，而只是向两位作曲家——意大利的阿蒂利奥·布鲁诺利（Attilio Brugnoli）与巴托克颁发奖状。布鲁诺利获得第一名，巴托克第二。让巴托克失望进而愤怒的原因有两个：首先，比赛的组织方安排协调能力不强；其次，评委会成员拉约什·迪特尔（Lajos Dietl，当时在维也纳教书，是巴托克的老朋友）向他透露了一些内幕消息。

到达巴黎伊始，巴托克就被告知《第一狂想曲》的管弦乐部分有错误。巴托克很快纠正了错误，却被告知管弦乐队要想在规定的时间内排练这首乐曲太困难了。然而，主办方没有预见到这位年轻作曲家的坚韧。面对巴托克的顽固和坚持，他们只好作出让步，承认"这首曲子最后演奏得还算不错"。

巴托克的《钢琴五重奏》也并不那么成功，他被"直截了当"地告知，这首曲子赶不及排练妥当。此前，组织方坚持要求巴托克另外抄写一份乐谱，以便在演出时评审团能够跟进。因此，他迫不得已用他的小提琴奏鸣曲代替（幸好他随身携带着这首奏鸣曲的乐谱）。经过一番焦急的寻找，巴托克幸运地找到了一位优秀的俄国青年小提琴家列夫·柴特林（Lev Zeitlin）和他一起演奏。

难怪巴托克在写给母亲的信中对最后的结果表达了相当的愤慨：

> 我一拿到荣誉证书，就立即把它寄到彼得格勒送给

奥尔①。我不准备接受那样的垃圾证书。

我认为布鲁诺利的作品是毫无价值的拼凑物。评审团竟然看不出我的作品比他的高出一大截，真是可耻。

而且我的作品演奏得也很出色。评审团不懂得欣赏，同样是可耻的。

从表面上看，这似乎只是虚荣心受挫后的任性发泄，但让巴托克着实伤心的是，迪特尔向其披露，俄国评审在整个评审团中占绝对优势，"他们在俄国只知道演奏海顿、莫扎特和贝多芬"（严格地说，这并不准确），很少或基本不给那些拥有更前卫音调的作品半点机会。根据迪特尔的说法，来自维也纳的勃拉姆斯支持者理查德·冯·佩格（Richard von Perger）根本无法理解巴托克的曲子。奥尔还轻飘飘地补充道："哦，是的，这是新学派；我们已经太老了，欣赏不了这样的东

---

① 利奥波德·奥尔（Leopold Auer，1845—1930），是该评审团主席。他是一位匈牙利出生的小提琴家，在俄罗斯创办了著名的小提琴学院。雅沙·海菲兹（Jascha Heifetz）就是他众多著名的弟子之一。

西了。"

这也不是内部消息中最骇人听闻的。俄罗斯作曲家、钢琴家安东·鲁宾斯坦(Anton Rubinstein)向彼得格勒音乐学院(Petrograd Conservatoire)遗赠了一笔资金。每5年产生的利息被用作竞赛奖金,当时利息已经相当于一万法郎。可是日俄战争后,俄国货币贬值,因此利息不足以支撑竞赛奖金。于是大家就默认之后的竞赛不发奖金,以避免动用本金。

"如果是这样的话,"巴托克恶狠狠地写道,"让所有作曲家都蜂拥至此,还白跑一趟,简直是一种无耻和欺骗的行为。"

这次打击对巴托克的信心产生了深重的影响,这种影响持续了好多年,但同时巴托克也加快了自己确立个人风格的步伐。尽管他对自己最近的作品感到自豪,但他意识到,这种个人风格尚未具体化。

就目前而言,巴托克还不至于沮丧到对巴黎——"这个没有上帝的天堂之城"——的种种奇景视而不见。在画廊里,他发现了迄今为止只在复制品中出现过的绘画和雕塑,并从中获得了极大的乐趣。他被卢浮宫里的穆里洛(Murillo)收藏品所征服:

> 当我看着它们的时候,我觉得我好像被一根魔杖碰了一下。这种感觉足以和看到《特里斯坦》或《查拉图斯特拉》的演出相媲美;足以与在柏林第一次参加魏因加特纳(Weingartner)音乐会或聆听多赫南伊今年在维也纳演奏贝多芬协奏曲相提并论;就是与三四年前第一次目睹了斯蒂芬教堂(Stephanskirche)的惊艳相比,也有过之而无不及。

他对塞纳河两岸、城市里的公园和森林惊叹不已,同时也混合了对巴黎人"随时都能看到这一美景"的羡慕之情。蒙索公园(Parc Monceau)巧妙而和谐地将艺术与自然融为一体,堪称"小天堂"。他还把这里与布达佩斯作了一番比较,他突然发现布达佩斯不过是小资产阶级地方主义的乐土罢了。

巴托克此次访问所得到的深刻见解和启示,与安德烈·奥第(Endre Ady)在巴黎的经历有着惊人的相似之处。安德烈·奥第是那个时期最杰出的匈牙利诗人,巴托克几年后对他的作品产生了浓厚兴趣。他的《五首声乐与钢琴歌曲》(*Five Songs for voice and piano*,作品16),都是以奥第的诗为背景创作的。在这个阶段,巴托克似乎仍然没有意识到法国音乐的最新潮流和发展,但这些潮流对他之后的思想产生了深刻的影响。事实上,巴托克在巴黎写给伊尔米·尤尔科维奇(Irmy Jurkovics)的一封信中,明确地指出了这一点:

巴赫、贝多芬、舒伯特和瓦格纳写了大量优秀而有特色的音乐,相比之下,法国、意大利和斯拉夫诸国的音乐加起来也是相形见绌!

巴托克很爱国地提出李斯特是最接近"四大音乐家"的人,但没有提到德彪西(Debussy)或是理查德·施特劳斯。

自从1903年听了巴托克在纳吉森特米克洛斯举行的第一次公开独奏会以来,伊尔米·尤尔科维奇和她的妹妹埃姆西(Emsy)就一直是巴托克忠实的崇拜者。虽然巴托克信中的语气表面上是欢快放松的,内容也很丰富,但这些都不能掩饰他潜在的忧郁。他用旁观者的视角描述了他所寄宿的公寓里的英国人、西班牙人、德国人、土耳其人和美国人之间的沟通问题,但这些轶事和麻烦并不如当时困扰他的问题那般严重。他毫不含糊地写下对无神论的承诺,并开始接触尼采(Nietzschian)的思想,这一主题在几周后他写给母亲的一封关于家庭问题的很严肃的信中再次出现:

我要向每个人建议,设法达到一种精神上的超然状态,在这种状态下,超脱豁达、极其平静地看待这个世界便成为可能。当然,达到这种状态是相当困难的(事实上是最困难的事情)。但是如果成功地达到此种超然物外的状态,那就是一个人所能期望获得的最大的胜利:战胜别人,战胜自己,战胜一切。

和往常一样,巴托克的语气是冷静的,但透过这种冷静,他的不确定性和孤立感就像绝望的呼喊一般喷薄而出:

在维也纳,我可能有迪特尔或曼德尔(Mandl)的照顾;在布达佩斯我也有朋友(如托曼,格鲁伯夫人等)。但有时我突然意识到我是绝对孤独的!而且我有预感,这种精神上的孤独将成为我的命运。

如果说巴托克在法国经历的影响已经逐渐消散,那么另一种更为重要的影响已经开始生根发芽。1903年,巴托克在早期民族主义的狂潮中,曾给家里写信,让他的妹妹帮忙辨认两首匈牙利民歌的旋律。后来的研究表明,巴托克家有一位来自塞凯伊地区(Székely region)的名叫莉迪·多萨(Lidi Dosa)的佣人,巴托克就是从这位佣人那里采集到许多民间歌谣。彼时,巴托克似乎还没意识到这个机缘巧合的重大意义，但我们今天以旁观者的角度回顾，它无疑标志着巴托克一生志业的真正开始。这种对民间音乐更彻底的检查是服务他所谓"匈牙利国家和人民的利益"的具体路径，但他当时没有预想到任务的艰巨性，也不知道它能在多大程度上占据他的身心并指导他的整个生活。然而巴托克几乎立刻意识到的是，真正一代又一代流传下来的乡村音乐，与流行的伪民间艺术之间存在着巨大的差异，事实证明，这种差异比他想象的还要大。一方面，他发现：

这是一种自然现象，就像动植物王国的各种形式一样。因此，每一个单独的有机体——旋律本身——即是最高艺术的完美例证。

另一方面，巴托克又说道：

它们不过是拾吉卜赛风格之余唾。

没过多久，巴托克就意识到，他所选择的专门研究领域事实上还不存在。他发现,那些自称知识分子的人往往"既不够质朴,又没有足够的学识涵养",无法欣赏这种原始材料的科学和艺术价值。

流行的吉卜赛风格音乐和民间音乐之间的混淆在匈牙利和欧洲其他地方都已根深蒂固,从海顿到李斯特的作曲家们不时采用吉卜赛风格范式,而这被不假思索地当作匈牙利本土音乐的具体体现。李斯特本人还写了一部大部头的著作《论匈牙利的吉卜赛人和吉卜赛音乐》(*On the Gypsies and their Music in Hungary*),更给这

匈牙利农村生活。这正是巴托克音乐创作的灵感源泉

种观点加盖了权威标志。尽管李斯特也表示希望访问偏远地区的农村以收集匈牙利的民间音乐素材，然而这只不过是一个浪漫的遐想，他从不曾踏进泥土、身体力行。唯一持有异议的是一位似乎被人们遗忘的小提琴家和作曲家，奥古斯特·冯·阿德尔伯格（August von Adelburg，他出生于土耳其，在维也纳学习音乐）。他在1859年出版的一本小册子中对李斯特的假设提出了质疑，并费力地将其命名为《对弗朗茨·李斯特博士认为只有吉卜赛音乐而无匈牙利民族音乐的回应》。

整个19世纪，业余人类学家纷纷踏入民间传说的研究领域，但总的来说，他们更关心的是民歌的文字部分，而不是民歌的音乐性。他们对民间音乐的调查大都是泛泛之谈，并不可靠。就连最早使用留声机收集民歌的贝拉·维康（Béla Vikon）也不是受过训练的音乐家，他的唱片后来也必须由别人转写。而巴托克和科达伊作为天才作曲家，作为勤勉认真、一丝不苟的学者，尽全力拯救和保护古老的音乐文化，特别是赶在广播和录音的爆炸性扩张吞没传统民谣之前积极行动,实乃匈牙利民族之大幸。科达伊在1905年夏天开始了他的第一次收集之旅(当时巴托克正忙于鲁宾斯坦的比赛),第二年巴托克动身前往匈牙利大平原。从个人的角度来看,这是一场疗愈之旅。尽管在巴黎的惨败之后,巴托克在维也纳逗留期间完成了他为管弦乐队创作的《第一组曲》(*Suite No. 1*),但那时他正走向另一个创作的停滞期。而这种对民歌研究的新热情,加上在西班牙和葡萄牙的演出,使他暂时从作曲的压力中解脱出来。事实上,他在信中也暗示,他的心情非常好,对那些旅行中所经历的挫折和荒谬不以为意,甚至乐在其中。在马德里,他和小提琴神童费伦茨·维克塞(Ferenc Vecsey)一道受到了西班牙女王的召见。面对女王对他内心深处敏感地带连续不断的践踏,巴托克没有并恼羞成怒,反而很愉快地叙述出来:

> 我尽量控制自己不笑出声来,因此我的面部肌肉受

到了严峻的考验！她讲了很多废话，而她的赞美之言（关于匈牙利和匈牙利语）是："你们的国王（老弗朗西斯·乔［Old Francis Joe］）匈牙利语说得很好，不是吗？"我很同意，他确实说得很好。后来女王让我演奏一些匈牙利音乐，如查尔达什舞曲。我并不介意，只要让她高兴就行。要是她知道她在跟一个多么讨厌哈布斯堡王朝的共和主义者讲话就好了！

同样，巴托克在遍寻老农、绞尽脑汁地从他们口中套出歌曲的过程中，与其说对于所遇到的困难颇感愤怒，不如说是乐在其中。

1906年，巴托克和科达伊合作出版了《二十首匈牙利民歌》（*Twenty Hungarian Folksongs*），这是他们的共同努力所产生的第一个实质性成果。这并不完全是巴托克在这一领域的代表作品，而且由于出版后销量惨淡，这本书很快就被出版商撤回了。尽管如此，它仍然是巴托克个性成长和匈牙利音乐生命力发展的一个重要

巴托克1908年在达拉兹（Darázs），即现在的德拉佐夫（Drazovce）收集民谣

里程碑。考虑到作曲家的各个方面，这种沉浸于民间音乐的重要性再怎么强调也不为过。与农民打交道的经验让他了解到社会那可怕的腐败的力量。这些都促成了巴托克后来逐步从狭隘的民族主义向"四海之内皆兄弟"的人道主义的深刻转变，赋予了他的后期作品及人生态度以普世性，这也正是巴托克的伟大之处。

至于音乐方面，巴托克很快意识到，他手中掌握着实现目标的手段，一种新的、独特的匈牙利风格的原材料。在他有关民间音乐研究的许多讲座、论文和小册子中，巴托克清楚地表明，他精心编纂和整理的音乐风格逐渐融入他自己的音乐思维之中。他的第一个也是最重要的发现是：其中大多数旋律以之为基础的音阶和调式在几百年来从未在音乐会的音乐作品中使用过。五声音阶的流行反过来又提供了全新的组合以及和声体系：

> 我将研究之旅中收集的大多数旋律——也是最有价值的部分——融入古老教堂音乐，也就是融入希腊和某些其他更原始（五声音阶）的调式中，在千姿百态、自由变化的韵律和节奏模式中同时展现"弹性速度"（rubato）和"准确速度"（tempo giusto）。现在很清楚的是，即使古老的音阶已经不再用于我们的民间艺术音乐，可是它们依然没有失去活力。它们的应用使新型和声组合成为可能。

此外，

从这种音乐中,我们可以学到十分独特的简洁表达以及对所有不必要的细枝末节的果断放弃。这正是我们在冗长的浪漫主义之后所渴望的。

最终,巴托克对这些理念的吸收十分彻底,以至于如果没有事先了解,就不可能知晓他的主题材料到底是真正的民间旋律,还是他自己的独创设计。

当科达伊继续醉心于匈牙利民谣研究的时候,巴托克感到有必要关注匈牙利音乐与邻近地区民间音乐的关联,寻找二者间的差异和相似之处,或者推测它们交融互动的模式。巴托克最后统计出的成千上万的旋律,包

巴托克与科达伊(匈牙利人民共和国大使馆提供)

括匈牙利、斯洛伐克、罗马尼亚、保加利亚、鲁塞尼亚（Ruthenia）、土耳其甚至源于阿拉伯的曲式。正如科达伊所说："如果巴托克是对金钱感兴趣的话，他早就成为百万富翁了！"

科达伊"在我学习各种类型的音乐时，给了我指导和建议"，并且在巴托克风格确立过程中也发挥了重要作用，为他引介了最后一个过渡元素——克劳德·德彪西的音乐。像欧洲各地的音乐家一样，巴托克被德彪西的匠心独运、异国情调以及和声特色所深深吸引。但除此之外还有两个特点对巴托克有特殊的吸引力：首先，巴托克认为他能从德彪西对简单旋律的运用中，看到匈牙利民间音乐中吸引他的相同元素；其次，德彪西与德国主流音乐的隔绝和差异本身就是一种美。

新的想法已经产生，德彪西的出现标志着法国音乐取代了德国音乐，成为新的灵感源泉。

显然，如果要在一场新的创造性活动中充分利用这种丰富的新经验，他就必须采取措施来协调他职业生涯中的矛盾和冲突。1906年11月，巴托克写信给维也纳的拉约什·迪特尔时强调：

> 这样的创作完全不合我的口味，真是一个大麻烦，我宁愿花时间去收集更多的民谣。

巴托克在旅行演奏过程中所耗费的时间和所遭遇的磨难越发成为他愤怒的来源。然而在1907年的夏天，一个机会出现，让巴托克可以慢慢安定下来，同时也能满足母亲葆拉对儿子长久以来的期待。

彼时托曼将在学年结束时退休，由于他的强烈推荐，加之校长米哈洛维奇的鼎力支持，巴托克被举荐为托曼的继任者。巴托克非常认真地对待自己的教学职责，并像多赫南伊一样，也为20世纪匈牙利涌现出一批杰出钢琴家作出了不小的贡献。但是，和大多数有创造力的艺术家一样，他经常发现这项工作非常耗时，且令人心力交瘁。尽管如此，这份教职还是暂时解决了巴托

布达佩斯音乐学院。1907年巴托克被聘为该学院的钢琴教授（匈牙利人民共和国大使馆提供）

克当时的问题,他在自传中写道:

1907年,我被聘请为音乐学院的教授,我特别欢迎这个任命,因为它给了我一个机会,让我在家里安定下来,继续我在民间音乐方面的研究。

第四章

曲高和寡知音少

在巴托克开始其在布达佩斯音乐学院的工作之前，他又进行了一次民歌收集之旅。这次巴托克深入特兰西瓦尼亚（Transylvania）地区的不毛之地，而且在接下来的几年里，这样的采集将都成为一种常态。巴托克在任教期间必然是住在布达佩斯的（他母亲也搬来和巴托克一起住在位于特雷兹科鲁特［Teréz Körút］的寓所）。但每年至有少一次，巴托克会去往乡村采集民谣。这似乎是为了满足自己对兴趣的追求，也是在"纤尘不染"的大自然中寻找心灵的慰藉。巴托克在晚年写道："农民之间往往都会和平相处，只有上层社会的挑拨才会致使他们兄弟内部的不和。"尽管偶尔会爆发出愤怒，但巴托克还是不辞劳苦，"在酒吧的雅座里，在靴匠的摊位旁，有时在户外"，一点一点地整理自己收集到的

19世纪与20世纪之交的匈牙利农村。儿童们的嬉戏玩闹为巴托克的许多钢琴短曲提供了标题（科维纳提供）

民谣。

巴托克在1921年的一篇文章中，解释了民谣采集者可能会遇到的一些困难：

> 没有什么比收集这类歌谣更困难的了。如果我们想找到不受城市污染的音乐材料，就必须去远离铁路的最偏僻的村落，向最贫寒的农民请教。但正是这些"未开发"土地上的农民，一般对那些敲门的陌生人都充满了强烈的怀疑！试图向他们解释为什么要收集那些几乎被

遗忘的古老歌谣几乎是徒劳的，他们根本不听道理。他们硬要把这个奇怪的行为归结于最荒唐可笑的解释，因为他们始终弄不明白，为什么一个城里来的绅士，只为了听他们唱村里的老调，就离开那惯常的舒适生活。许多村民甚至认为，这意味着又要增加他们的税收负担，这次对他们收的是音乐税！除了这种恐惧外，这些村民还有一丝害羞：他们几乎总是担心城里来的绅士会取笑他们朴实无华的歌曲。因此，民谣收集者必须有足够的时间和耐心来应对如此多的不信任。

尽管经历了挫折和不适，但是1907年这个短暂的夏天似乎是巴托克一生中最快乐的时光之一。虽然这些村民的生活条件让巴托克着实感到震惊，但他很乐意与他们一起面对与分担现实的困难。随着巴托克和他的研究对象之间的联系越来越紧密，他的科学好奇心获得了新的尊重和喜爱。在后来的岁月里，巴托克回忆起"在农村和农民们一起度过的这些日子"时，说"这是我一生

1912年，巴托克与科达伊夫妇在民谣采集的途中（科维纳提供）

中最幸福的日子"。他和科罗索夫（Körösfö）的乡村木匠乔治·吉格伊·彭德克（György Gyugyi Péntek）成了好朋友，巴托克的布达佩斯家中的一张桌子就是向彭德克订做的。

"现在我和他们在一起很自在，"巴托克写道，"他的家由一个厨房和一个屋顶漏水的小工作室组成。"

多年以后，彭德克的儿子费伦茨（Ferenc）回忆巴托克时，说他是一个"温文尔雅、总是面带微笑的小个子男人，也很有幽默感"。

记录这段或多或少像田园诗一般的插曲是一件令人愉快的事，因为在这之后巴托克遭遇了他一生中最严重的个人危机和情感危机。虽然巴托克极力控制，但这危机还是不时让他陷入深深的忧郁当中。由于巴托克本人是一个非常沉默寡言、注重隐私的人，而且他为数不多的亲密朋友都对他很忠诚，他们不愿透露当时的情况，所以要想完全了解这件事情的前因后果就不太现实。这件事的核心是巴托克对美丽而有才华的小提琴家斯蒂菲·盖耶（Stefi Geyer）那深沉而又饱受挫折的爱。当时19岁的盖耶是布达佩斯音乐学院耶诺·胡贝（Jenö Hubay）的学生，后来嫁给了瑞士作曲家兼音乐会赞助人沃尔特·舒尔茨（Walter Schulthess），定居瑞士。巴托克去世后，盖耶女士公开了巴托克在1907年8月到9月间写给她的3封书信，以期对关于这位匈牙利作曲家的研究有所贡献。这3封信向我们展示了巴托克冷峻严肃的外表下那热情洋溢的一面。尽管巴托克有大量的书信被公之于众（在20世纪的作曲家中，很少有人被如此彻底地研究和记录），但他承认自己不愿写信，通常只是出于需要或义务才写。此外，他对自己的私人生活和感情守口如瓶，甚至到了古怪的地步，所以斯蒂菲·盖耶此举在调和巴托克冰冷的态度和他炽热的音乐激情方面非常有帮助。

第一封信的内容很有趣，讲述了巴托克费尽心思终于从一位上了年纪的农妇口中套出了几首民谣的经历。故事以"旅行者"和"农妇"之间戏剧性对话的形式展开，令人着迷。第二封信，表面上是给盖耶的回信，与第一封信仅仅隔了3个星期，然而这封信足足有4000多字，实际上是对巴托克人生哲学和存在意义的阐述。

我们从开头的段落就可以看出巴托克已经无可救药地爱上了对方，尤其是如果你把他那激动的态度和他平常那种平淡无奇的风格相比较的话，这就更显而易见。

斯蒂菲·盖耶。巴托克对她的单恋都体现在他这一时期创作的作品当中

巴托克也把自己在维斯托（Vésztö）的地址给了她，显然是希望她回信：

> 我星期一感冒了，但我还是来了。在这种潮湿阴冷的天气里出来，确实很不明智。这是因为从上个星期天

起，我就一直在琢磨你给我回信这个决定是好还是坏。也许你只想给我讲几个笑话？或者你有更重要的事情要告诉我？你想对我信里的哪一部分作评论呢？这些猜测使我头痛，我必须尽快采取措施，而这几乎引发了一场灾难。你的信比我早一天到达，由于我没有告诉他们我要来，他们已经把信退回邮局了。

当他说起她在信中提到宗教时，他的语气变得更加沉重：

虽然我们从来没有谈论过，但我完全相信，你是"敬畏上帝的"教徒。根据事实作出判断对我来说并不难。这样的显而易见使我更加难以触碰这个问题，我几乎都不敢开口。

但巴托克还是"开口"了。而几乎可以肯定的是，这段关系就是在这里开始破裂的。巴托克不满足于接受他们之间的差异和尊重彼此的信仰，他为自己的无神论极力辩护、大书特书。他对大自然自给自足的神性和人类对自己命运的掌控深信不疑，进而竭力批驳诸如灵魂不朽的教条和伦理。巴托克在信的末尾署名：

来自**一个无神论者**的问安

（他比许多信徒更加虔诚）

如果巴托克希望通过他无畏又有些鲁钝的诚实赢得斯蒂菲的心，那么她的回答显然使他打消了这一念头，尽管其详细内容要从巴托克写的第三封信中才能看出来。巴托克的第三封信可以说是他所有文献中最令人心碎的：

亲爱的斯蒂菲小姐：

当我读完你的信的时候，我几乎要哭昏过去了。你可以想象，这种情况并不经常发生在我身上。这是一个人性脆弱的例子！我提前预料到你会有这样的反应，但当你真的这样做时，我难过极了。我为什么不能冷静地面对你的信呢?为什么我不能带着轻蔑的微笑把它放下呢?你的反应为什么会对我产生如此大的影响?有那么多的"为什么",我想我必须让你来回答。当然,前提是你认为它们值得你考虑。

巴托克一再重申自己的基本信念,因此就算我们把它与贝多芬的《海利根施塔特遗嘱》("Heiligenstadt Testament")相提并论,也并非奇思异想。贝多芬的《海利根施塔特遗嘱》是在他对伯爵夫人朱利埃塔·吉恰迪(Giulietta Guicciardi)的痴情幻灭之后写下的。巴托克这位创造性艺术家也表达过类似的多愁善感的情愫:

贝多芬说过:"因为我是如此地敏感,所以即使是一个微小的变化也能把我从最高的欢愉带到最悲惨的低谷。"

巴托克说过:"一封来自你的信,一行字,甚至一个词都能传达快乐,而下一个词就几乎能让我流泪,让我黯然神伤。"

贝多芬从他的宗教信念中汲取力量，巴托克则努力从他对宗教的怀疑中汲取力量。他两年前就向母亲倾诉过内心的孤独，而现在比以往任何时候都更让他感到压抑。他在给斯蒂菲的信中写道：

读了你的信后，我坐在钢琴前。悲凉和忧虑油然而生：除了音乐，我在生活中再也找不到任何安慰了。然而……

随后巴托克写了9小节的悲伤音乐——极柔板（Adagio molto）。他在4个音符上的留白处写道："这就是你的主乐调。"[1]

巴托克之后所寻求的是音乐上的慰藉。在1907年至1911年期间，他创作了大量的音乐作品，并融合折中了

---

[1] 主乐调（德语单词Leitmotif的翻译）这一音乐术语，是指与某一特定人物或事件经常联系在一起的单个短乐句，甚至单个和弦（瓦格纳在他的音乐剧中对这一术语的使用尤为著名）。

有时甚至是截然不同的元素。他的目标是将伟大的古典音乐大师们对知识和结构的控制、德彪西的新颖独特与非德国风格的清晰了然，以及最重要的匈牙利民间音乐的原始素材综合起来。他的第一个任务是完成他的第二部管弦乐《组曲》（*Suite*，作品4），这是他在维也纳逗留期间便已开始着手创作的曲目，也是在离开维也纳前便暂时搁置的作品。而其中的民间元素，即使还不是那么清晰可辨，至少已是初见端倪。

在这段时间里，巴托克创作了大量的钢琴曲，其中大部分是为孩子们创作的，这可能是他在音乐学院里教学的副产品。或者说，这似乎是一种比较方便而不那么费力的音乐媒介，以便让他实验自己的新想法。1931年，他试图将那些能够把民歌"转化"为现代音乐的方法进行分类。他说，第一种可行的方法是保持原曲的旋律不变，但通过富有启发性的伴奏，或添加前奏和尾声来突出其独特的方面，以便彰显思想和感情。他把这种方法比作珠宝商在镶嵌宝石时使用的方法。

也许最完美的例子是巴托克那4册本的《献给孩子们》（*For Children*），包括了85首以匈牙利和斯洛伐克民谣为素材创作的迷人乐曲，它们与巴赫的《安娜·玛格达莱娜记事本》（*Anna Magdalena Notebook*）以及舒曼（Schumann）的《少年曲集》（*Album for the Young*）齐名，都是儿童音乐的基石。

那《十四首钢琴小品》（*Fourteen Bagatelles*）则又是另一回事了。这些作品往往带有明显的实验性，虽然有时细节略显粗糙，但它们代表着走向未来的决定性步骤，巴托克成熟风格的许多特征都可以从中看出雏形。1908年6月，巴托克把这些曲子演奏给布索尼听，布索

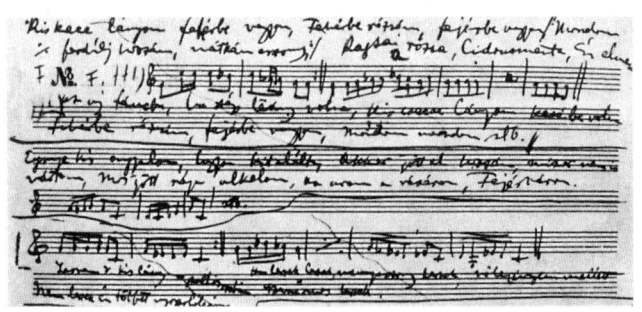

一首匈牙利民谣的草稿。它构成了巴托克《献给孩子们》中一首钢琴曲的主要部分

尼惊呼道:"终于!我听到了真正的新东西。"布索尼是一位不知疲倦的新音乐倡导者,他曾试图让自己的出版商、享有盛名的德国布雷特科普夫与哈特尔出版公司(Breitkopf & Härtel)对巴托克的作品产生兴趣,但他们委婉地拒绝了,说这些作品"对公众来说太难、太现代"。布索尼还邀请巴托克次年去柏林指挥《第二组曲》中的谐谑曲。尽管有些令人伤脑筋,但这还是一次新奇而令人振奋的经历,巴托克之后再也没有过这样的经历。

布索尼的支持是极为难得的,因为当时很少有人赞赏和理解巴托克。巴托克之前的学生埃特尔卡·弗罗因德(Etelka Freund)算是巴托克的另一位尽职尽责的宣传家和推广者。正是由于她的倡导,杰出的瑞士(后来加入美国国籍)钢琴家鲁道夫·甘兹(Rudolph Ganz)成为第一批将巴托克的音乐纳入自己演奏单的人之一。巴托克很感激,于是写信给甘兹:

您的来信(刚刚收到)给我带来了真正的快乐,尤其是因为我不得不忍受难以置信的攻击……能够从这些钢琴曲中找到乐趣的人,一百个里面可能也不会有一个。它们有幸不被贴上狂妄愚顽的标签,我已经心存感激了。

德国著名音乐学家雨果·莱希登特里(Hugo Leichtentritt)在柏林听完巴托克指挥的谐谑曲演奏后宣称,巴托克"对赋予作品艺术意义的必要条件,没有明确的概念"。这让巴托克尤为震惊。

幸运的是,与学生时代跟随柯斯勒学习的那次经历不同,这次的挫折并没有阻碍到巴托克灵感的自由流动,因为他相信自己走在正确的道路上。他的管弦乐作品不算是布达佩斯爱乐季的"常客",演奏也确实还有很多需要改进的地方,但他的作品慢慢被认为是具有一定重要性的偶用节目。尽管观众的反应里既有欢呼也有嘘声,但巴托克对这种反应并不感到沮丧,甚至感到有足够的勇气再创作一些新的管弦乐作品。事实上，这种阿谀奉承的热情与敌意的混合，对于那些从晚期浪漫主义的舒适奢华中走出来的作曲家来说，已成为他们许多重要首演上的常态。勋伯格（Schoenberg），伯格（Berg），欣德米特（Hindemith）和普罗科菲耶夫（Prokofiev）也有类似的经历。而这种趋势在1913年斯特拉文斯基（Stravinsky）的芭蕾舞剧《春之祭》（*The Rite of Spring*）的巴黎首演上那臭名昭著的骚乱中，达到顶峰。彼得·尤斯蒂诺夫（Peter Ustinov）创造了一个令人难忘的短语，"意料之中的惨败"（fiasco d'estime），来巧妙暗示作曲家在这种场合所呈现的某种特质。

巴托克的管弦乐作品10《两幅画》（*Two Pictures*）的标题让人想起德彪西和他为钢琴和管弦乐队所创作的《意象集》（*Images*）。其中第一首曲子比巴托克其他任何管弦乐作品都更能体现出这位法国大师的影响。第二首是乡村舞曲，它在处理民谣素材时表现出一种鲜活、质朴的气息。

另一组管弦乐，作品5《两幅肖像》(*Two Portraits*)，比照斯蒂菲·盖耶的书信，表现出了一种特殊的趣味。它们分别是《理想》(*The Ideal*)和《怪诞》(*The Grotesque*)。1907年夏天，巴托克开始为斯蒂菲创作两乐章的小提琴协奏曲。尽管研究巴托克的学者多年前就知道了它的存在，但它并没有在作曲家生前被演奏过，完整的乐谱直到1956年斯蒂菲去世后才在她的遗物中被发现。然而，这首协奏曲的第一个乐章在激情高潮下却是平静沉稳的主调。这与《两幅肖像》的第一首《理想》相差无几，它的主题基础显然是"给斯蒂菲的第三封信中提到的主乐调"。第二首《怪诞》是《十四首钢琴小品》最后一曲的管弦乐版本。它是一首尖锐、歇斯底里的"骷髅之舞"(Danse Macabre)。在此，《理想》中体现的主题被尖锐的讽刺所扭曲。这个技法的运用对音乐学家来说特别有吸引力，因为李斯特在《浮士德交响曲》(*Faust Symphony*)中也运用了同样的手法。在浮士德乐章，主题被怪诞地扭曲、变形，表达了梅菲斯特乐章的邪恶精神。《十四首钢琴小品》的最后两首分别是悲伤的挽歌和疯狂的华尔兹（后者改进后成为《肖像》的第二首），都体现了巴托克在信中草草写下的那种忧郁旋律。据比利时研究人员丹尼斯·迪尔（Denijs Dille）说，在斯蒂菲于1908年2月断绝与巴托克的关系之后不久，《十四首钢琴小品》就完成了。所以《两幅肖像》这部组曲在心理方面的内涵比其音乐学上的意义更加引人深思。

其他钢琴作品都创作于1908年到1910年之间，包括《两首罗马尼亚舞曲》（*Two Rumanian Dances*）、《两首哀歌》（*Two Elegies*），《三首钢琴滑稽曲》（*3 Burlesques*，作品 8a、b 和 c）、《四首挽歌》（*Four Dirges*）和《七首速写》（*Seven Sketches*，作品 9a和 b）。尽管有时巴托克会陷入李斯特的钢琴风格，暂时偏离自己越来越凝练的表达形式，但这些作品依然标志着巴托克沿"新路径"所取得的显著进步。在这持续不

《三首钢琴滑稽曲》的封面

断的创造性爆发中,唯一的室内乐作品是《第一弦乐四重奏》(*String Quartet No. 1*,作品 8)。它本身就是一部重要的作品,节奏严谨,感人至深,但更重要的是,它还是巴托克 6 首弦乐四重奏中的第一首。这 6 首四重奏被公认为 20 世纪音乐的经典之作。科达伊说,这首曲子讲了"一个人在万丈深渊的边缘悬崖勒马"的故事。

显然，他指的是巴托克曾因为斯蒂菲的事动过自杀的念头。

在纪念巴托克的一次演说上，科达伊认为他朋友创作的动力是"对知识的渴望、对志向的长期坚守、对工作的热爱以及对各种音乐表达形式的强烈兴趣"。关于学院的工作方面，巴托克承担了额外的任务，开始对一系列键盘音乐进行编辑修订。这种对巴洛克和古典音乐的迷恋，无疑是最后一个影响巴托克音乐的外部因素，尽管这种影响要到几年后才能被真正感受到。

巴托克的音乐学院班上有一对姐妹，赫尔玛·齐格勒（Herma Ziegler）和玛尔塔·齐格勒（Marta Ziegler），她们的父亲是警察。很明显，巴托克很快就对妹妹玛尔塔产生了一种特别的好感，因为在1908年，巴托克就把《七首速写》中的《一个女孩的肖像》（*Portrait of a Girl*）献给了玛尔塔。然而他们之间的关系有多亲密，没有人清楚，因为随后发生的事件表明，巴托克对保护隐私的偏执几乎达到了可笑的程

巴托克、科达伊与沃尔鲍尔—克伯利弦乐四重奏乐团。此四重奏乐团是布达佩斯的一个前卫音乐团体

度。与巴托克关系密切的沃尔鲍尔—克伯利四重奏乐团（Waldbauer-Kerpely Quartet）的大提琴手耶诺·克伯利（Jenö Kerpely）与巴托克有密切的联系，在多年后移居美国之后，他讲述了一个奇怪的故事。1909年秋天的一个早晨，16岁的玛尔塔正在巴托克家上课，巴托克告诉妈妈玛尔塔会留下来吃午饭。这堂课一直持续到下午，当被告知"玛尔塔也会留下来吃晚饭"时，葆拉开始有

些怀疑了。直到那时,巴托克才勉强说道:"我们结婚了。"他们之后继续对外界保守着他们已经结婚的秘密,直到玛尔塔不小心把教授叫成了"我的丈夫",他们的婚事才传开。多赫南伊立刻给他们发了一封贺电,巴托克却对这封电报极为不满,竟认为这是对他私事的干涉!

巴托克对工作的热情并没有因为家庭生活的变化而减少。他对民间音乐的研究矢志不渝,他年轻的妻子也经常陪他旅行。1910年8月,他们的孩子小贝拉出生。幸运的是,有母亲葆拉帮忙照顾。巴托克也会偶尔演奏李斯特和圣桑(Saint-Saëns)广受好评的协奏曲,但从那时起,巴托克只对在公开场合演奏自己的音乐作品感兴趣。

有两场特别值得注意的音乐会分别于1909年和1910年在布达佩斯和巴黎举办。在布达佩斯当地的音乐会上,才华横溢、朝气勃勃的沃尔鲍尔—克伯利四重奏乐团(最年长的成员25岁,最小的只有18岁)分别演奏了

巴托克与他 3 岁的儿子小贝拉。在拉科斯克雷斯图（Rakoskerestúr）的房子的花园（匈牙利人民共和国大使馆提供）

巴托克和科达伊最早的四重奏作品，这再次招致了权威乐评家的敌意和批评，但在迅速发展的前卫音乐人士中引起了极大的兴奋。这些进激进知识分子的喉舌是由自由主义作家雨果·伊格诺图斯（Hugo Ignotus）创办的极具活力的文学杂志《西方》(*Nyugat*),安德烈·奥第是该杂志的主要赞助人。伊格诺图斯的儿子保罗在他1972年于伦敦出版的杰作《匈牙利》("Hungary")中所表达的目标正是巴托克本人的目标:

安德烈·奥第,匈牙利杰出的诗人,同时也是激进主义分子。1916年巴托克将其五首诗歌谱成曲子(匈牙利人民共和国大使馆提供)

《西方》决心建构一个完全欧化的匈牙利，以摆脱狭隘的地方主义；但是，与此同时，为了维护民族特色，也要深入挖掘马扎尔（Magyar）文化遗产的意象、概念和旋律，以便重振已经日渐衰落且因外国影响而被贬低的文化遗产。

因此，该杂志活跃的年轻音乐评论家格扎·查斯（Géza Csáth）那敏锐而热情的评论，在巴托克看来，甚为暖心。

次年，桑多·克弗法斯（Sándor Kovfács）在巴黎举办了匈牙利音乐节（Festival Hongrois），其中演奏的音乐来自莱奥·魏纳（Léo Weiner）、阿帕德·桑第（Árpád Szendy）、欧登·米哈洛维奇和多赫南伊，以及两位被媒体称为"年轻野蛮人"的现代主义者巴托克和科达伊。巴托克对这些评论的回应是他创作的钢琴曲《粗野的快板》（*Allegro Barbaro*），这首曲子比他以前创作的任何曲子都更加奔放。这是他音乐中一种典型的张力，唤起了那种原始的豪情和不屈不挠的节奏能量，这样的能量在乡村舞蹈中屡见不鲜，巴托克很是喜爱。但不幸的是，他的作品这一狂放不羁的方面被敏感的批评家抓住了，他们在巴托克身上看到的不过是一种残酷、野蛮的反偶像主义。

"同时使用不相关的调性，导致音调的混乱"，是巴托克在职业生涯的大部分时间里都不得不忍受的一种典型的批评。

尽管巴托克表现出了抗辩的姿态，但有迹象表明他的决心开始瓦解。当我们想到巴托克勤勤恳恳地工作了3年多以后，换来的却是被忽视和声名狼藉，这也就不难理解了。沃尔鲍尔—克伯利四重奏乐团的小提琴手安塔尔·莫尔纳（Antal Molnár）也是民谣音乐研究的新成员，他描述了巴托克的彷徨：

> 他说起话来就像一个锁匠向新徒弟展示他的工具一样平淡无奇，却不失简洁凝练。不说话时，他就睁大疑

问的眼睛盯着我，常常一盯就是15分钟。

从巴托克那里最后一次召唤出对民间音乐的巨大热情的是诗人兼小说家、剧作家贝拉·巴拉兹（Béla Balázs）：

我和他谈了伟大的匈牙利文艺复兴，以及匈牙利人对欧洲文化发展作出贡献的必要性，我鼓励他……但贝拉·巴托克听我说话时那紧抿的嘴唇、煞白的脸色，我从来没有在任何人身上看到过。

于是，在由巴拉兹提供剧本的情况下，巴托克开始了他唯一的歌剧《蓝胡子公爵的城堡》（*Duke Bluebeard's Castle*）的创作。虽然这个独幕歌剧的故事背景是残忍的蓝胡子和他7个妻子的古老传说，但作曲家和剧作家的精神分析方法与19世纪通俗剧里"血与泪"的情节大不相同。评论家桑多·维雷斯（Sándor Veress）将其主题描述为"男人和女人二元论的永恒悲

贝拉·巴拉兹,《木刻王子》(*The Wooden Prince*)和《蓝胡子公爵的城堡》的剧本作者

剧,从出世和入世的视角看他们的灵魂"。对巴托克来说,更重要的无疑是蓝胡子那种无法穿透的孤独,他不可避免地被自己的天性所束缚。即使那个名叫尤迪特(Judith)的女人完全牺牲了自我,也无法使他摆脱这种天性。这部作品在音乐方面明显受到了德彪西《佩利亚斯与梅丽桑德》(*Pelleas et Melisande*)的影响,呈现出一种声音、意象和心理微妙变化的万花筒(斯蒂菲的主乐调明显出现了),但缺乏戏剧性的舞台动作背离

了剧本的诗意来源,这对观众的注意力提出了苛刻的要求。

为了提高和改善当代音乐的演奏水平和总体氛围,人们曾尝试建立一个"新匈牙利音乐协会"(New Hungarian Music Society),却遇到了一个又一个的障碍。没过多久,巴托克就在给埃特尔卡·弗罗因德的明信片上怒气满腹地写道:

"新匈牙利音乐协会"真是个讨厌鬼,我真想把它打到地狱深处去。

在利波特瓦罗西赌场(Lipótvárosi Kaszinó)组织的一场比赛中,《蓝胡子公爵的城堡》惨遭失败。而这两次失败对巴托克来说太沉重了,让他放弃了反抗并慢慢淡出公众视野。18个月后,当巴托克写信向在为现代音乐努力工作的同事格札·维尔莫斯·扎甘(Géza Vilmos Zágan)解释理由时,他仍然感到十分沮丧:

一年前,作为作曲家的我被判"死刑"。如果这些人是对的,那么我就是一个没有天赋的庸人;如果我是对的,那么他们才是傻瓜。无论如何,这意味着我和他们(也就是我们的音乐领袖如胡贝等)之间是不能讨论音乐的,更不用说任何合作与共事了……因此我只能辞职,只为我的书桌创作。

但巴托克心中还有一团火焰没有熄灭:

我的公开露面仅限于一个领域:我愿意不遗余力,推进民间音乐方面的研究。

PART 5

第五章

风云突变

在第一次世界大战爆发前的几年里，匈牙利的政治舞台上风云变幻，局势愈发复杂。种种相互对立的理想、既得利益者的明争暗斗引发了一系列戏剧性的骚动和事变，在这种纷繁与无常之中，整个时局都停滞不前。妨碍匈牙利政治成熟（在当今意义上）的根本障碍似乎已经足够明显，即对维也纳的持续依赖以及权力由特权阶级所垄断。然而，这些问题由于各派系不愿放弃他们目前的地位而变得更加棘手：贵族阶级统治农民，马扎尔人统治其他少数民族，哈布斯堡王朝统治所有人。尽管各种势力彼此之间存在着难以消除的对立，但各派中的活跃党徒在暗中都很害怕一场真正的民众起义，并且都利用了对方对起义的恐惧。而他们调和彼此冲突的努力以及各方表现出的妥协程度，常常不合逻辑,匪夷所思。马扎尔人至高无上的特权可以等同于贵族阶级对农民的统治权力,因此我们发现激进的知识分子倾向于支持王室阵营,认为这是他们侵蚀破坏贵族财富和特权的最佳手段。另一方面,地主阶级的当权派成为平民利益的捍卫者,以报复哈布斯堡王朝试图扼杀他们的野心。皇位继承人弗朗茨·斐迪南王子(Prince Franz Ferdinand)是一个严肃而迂腐的人,他敏锐地看到了这些反常现象可能带来的好处,并在一段时间内通过向对立的派系作出微小让步而加强对哈布斯堡王朝的控制。但他采取的方式,加上他缺乏魅力的个性,只是成功地引起了各派势力的敌意。无论如何,历史对他十分不利,他曾希望引征罗曼诺夫王朝统治下的俄国和大英帝国的例子,来赢得民众的支持,可是事后看来,法国和意大利的共和运动才更适合匈牙利当时的时局。

当时几乎匈牙利各个阶层的观点都反映出对斐迪南的厌恶之情,而1914年6月28日,弗朗茨·斐迪南在萨拉热窝遇刺身亡后,领导集团和媒体叫嚣着要发动战争的行为就显得荒谬至极、难以理解。从表面上看，为哈布斯堡皇室报仇的念头在匈牙利人民的心中不可能被根除，而保罗·伊格诺图斯（Paul Ignotus）只能将其解释为"每个人都试图用军事行动来摆脱这种普遍存在的仇恨情绪"。

巴托克对党派政治纷争的兴趣微乎其微，他很久以前就明确表达过反对哈布斯堡王朝的情绪，但到现在，他对少数民族的热爱，尤其是他在采集民谣时接触到斯洛伐克和罗马尼亚少数民族的经历，缓和了他的匈牙利民族主义情绪。他正在从狭隘的、充满地方主义的民族热情转向"四海之内皆兄弟"的理想。巴托克并不赞成兴师动众、兵戎相见，所以对这场灾难的突然发生深感震惊。他在1914年9月写道：

世界上发生的事情让我心烦意乱，我的情绪几乎完全崩溃了。

出于健康状况的原因（他当时只有98磅［约为44.5

玛尔塔与葆拉，1915年（匈牙利人民共和国大使馆提供）

千克］重），巴托克并未应召入伍。但由于采集民谣的活动受到额外的威胁，巴托克抑郁和畏缩的情绪并没有得到缓解。然而，当他冒险出去采集民谣时，他发现事情并不像他担心的那么糟，至少当时是这样的。

在这样的时代，很难想象还有人能继续收集民歌。但这是可以做到的。令人惊奇的是，你完全可以像在和平时期那样做。农民们是如此怡然自得、无忧无虑，以至于人们可能会认为他们对战争毫不关心。

巴托克采集的民谣数量在快速增长，到战争结束时，他已经收集了大约1000首之多，涵盖了匈牙利、罗马尼亚、斯洛伐克、保加利亚、鲁塞尼亚、塞尔维亚，甚至阿拉伯的民谣。在科达伊的帮助下，他开始在芬兰民俗学家伊尔马瑞·克罗恩（Ilmari Krohn）所创设系统的基础上，将其稍加改良，对这些海量的素材进行分类。

1910年至1915年间，巴托克的原创作品确实寥寥无几，而他在这段时间创作的大部分作品都源于1909年开始收集的罗马尼亚民谣素材。这些曲子里有许多珍宝可寻，包括迷人的钢琴曲《小奏鸣曲》（*Sonatina*）和《六首罗马尼亚民俗舞曲》（*Six Romanian Folk Dances*），后者是他最受欢迎的作品之一，几乎每一种能想到的乐器都有此曲的改编版本。农民音乐家用他们千奇百怪的小提琴、长笛和风笛向巴托克演奏，如果我

隐居期间的巴托克

们仔细研究巴托克记录这些曲调的原谱，就能发现他在权威的钢琴版本中所体现的精明和圆滑。巴托克将异国情调的细微差别和特殊习惯印刻上他自己的个人统一风格，以此赋予乐曲新的生命，并让职业的演奏家或业余音乐爱好者都能理解。

巴托克因为采集罗马尼亚民谣,而和许多罗马尼亚人建立了亲密持久的友谊,特别是以伊恩·布西提亚(Ion Buşitia)最为著名。布西提亚德高望重,桃李满天下,并且竭尽所能支持巴托克的采集活动。巴托克也将《六首罗马尼亚民俗舞曲》献给了布西提亚,为他在世人心中留下了一席之地。另一位罗马尼亚人,指挥家杜

巴托克与好友伊恩·布西提亚及科达伊,1918年

米特鲁·基里亚克（Dumitru Kiriac）在巴托克的职业生涯中也奠定了一个重要的里程碑，他安排出版了巴托克众多民族音乐学专著中的第一本（1913年于布加勒斯特出版）。这是巴托克作品中鲜为人知的一面，它让人们对巴托克的音乐语言有了更加深刻的了解。

巴托克充分意识到，这种令人惊讶的平静和高枕无忧的局面不可能无限期地持续下去。

我的长时间的沉默，是因为战争时不时将我推入抑郁状态的深渊（1915年5月他写信给伊恩·布西提亚），这种状况和一种漫不经心的态度在我身上交替出现。因为在我看来，除了与罗马尼亚保持朋友关系之外，其他一切皆不重要。但弥漫的硝烟极大地阻碍我完成，或者更确切地说，继续我的工作，而且看到我心爱的特兰西瓦尼亚被摧毁，对我来说也是一件非常痛苦的事情。事实上，我对这类工作不抱多大希望，前途看来确实很黯淡！

他的担心是有充分根据的。1916年8月，罗马尼亚入侵匈牙利的特兰西瓦尼亚地区。当时玛尔塔和小贝拉正在该地区，巴托克焦虑不安地等了3个星期，急切地打探他们的消息，想知道他们到底是死是活。

战争也导致了国家管控的进一步加强，这让巴托克无法进入他采集民谣的地区，所以他只能回到他的书桌，"几部重要的作品从他的笔下流出"。巴托克的钢琴曲《组曲》（*Suite*，作品14），其中第四乐章的荒芜凄凉，暗示着一个尸横遍野的战场。而气势磅礴的第三乐章，第一次呈现了巴托克1913年访问比斯克拉（北非）时，根植在他脑海中的阿拉伯音阶。同一时期创作完成的《第二弦乐四重奏》（*String Quartet No. 2*）激情澎湃、动人心弦，也是以类似的方式结束：它的愤怒在粗犷豪放的第二乐章中消散殆尽，逐渐陷入一种可怕的沉寂。

接下来巴托克又写了两首声乐套曲，如果我们排除学生时代的习作和众多改编的民歌的话，这是巴托克

布达佩斯歌剧院。巴托克的前两部歌剧都是在此上演

对这一类型乐曲的唯一贡献。其中《五首歌曲》(*The Five Songs*,作品16)是以安德烈·奥第的诗歌为背景创作的。安德烈·奥第是当时匈牙利最杰出的诗人,也是《西方》杂志激进派的元老。另一套《五首歌曲》(*The Five Songs*,作品15),起源更为奇特。多年来,人们都对这些歌曲的词作者"不知其详",但匈牙利方面的研究表明,这些歌词是由16岁的克拉拉·冈博西

(Klara Gombossy)创作的。冈博西是一名森林管理员的女儿,曾陪同巴托克进行过几次民谣采集。他们的友谊持续了大约一年左右,而她词作者的身份没有在乐谱上标明这一事实引发了人们的猜测,有可能他们的关系是被故意隐瞒的。

但战争年代最令人兴奋的事件无疑是独幕芭蕾舞剧《木刻王子》的创作。也许后人并不这么认为,因为它从未像巴托克的其他舞台作品(《蓝胡子公爵的城堡》和《神奇的满大人》[*The Miraculous Mandarin*])一样在匈牙利之外获得同样的认可。不过,它让作曲家第一次尝到了前所未有的成功和赞誉的滋味。剧本由贝拉·巴拉兹撰写,并于1913年发表在《西方》杂志上,讲述一位公主拒绝热情的王子,而选择了王子为她制作的木偶。这是一个天真的童话故事,但叙事之外还有精心设计的象征手法,这在今天有时带有狡诈或自命不凡的意味。巴托克通过象征,揭示了艺术(木偶)以牺牲艺术家的感情为代价,成为富家女的玩物的思想;但他也想通过此种象征来展示对与巴拉兹之前合作的信心,即对遭遇过挫败的《蓝胡子公爵的城堡》一剧的信心。1913年,他开始创作《木刻王子》的乐谱,在他的创作激情中,各种各样的障碍也接踵而来。例如没有匈牙利的指挥表示会碰这部舞剧,乐团说它无法演奏,芭蕾舞蹈指导(他根本不懂音乐)也说它无法编排成舞。焦急的热心人建议巴托克知难而退,以避免注定会遭遇的

《蓝胡子公爵的城堡》中的一幕(匈牙利人民共和国大使馆提供)

《木刻王子》中的一幕（匈牙利人民共和国大使馆提供）

惨败。

巴托克自己差点就要认输了，就像回到当初在巴黎的那段经历中一样，他义愤填膺地大骂道：

皇家歌剧院到底是什么东西？！一个脏乱不堪的牛棚，各种垃圾的倾倒场，所有的座椅都横七竖八地杵在那里，真是乱到家了。

但其实巴托克没有输掉什么。充满活力的意大利指挥家埃吉斯托·坦戈（Egisto Tango）要求至少要排练30次，巴拉兹本人也接手了芭蕾舞团的排练工作。他们的热情和奉献感染了整个剧团。当1917年5月12日首演落幕时，怀疑者们都感到困惑。巴拉兹回忆说："后排楼座上爆发出热烈的掌声，就像雪崩一样，淹没了包

意大利指挥家埃吉斯托·坦戈，他是《木刻王子》的大救星

厢和包厢里的所有人,把前排媒体记者们也都卷了进去。那天晚上,许多评论不得不重写。"巴托克、巴拉兹和坦戈反复登台不下15次,以答谢观众。巴托克将《木刻王子》乐谱献给了埃吉斯托·坦戈,以表达对其"完美音乐表演"理念的感激。长久以来的挫败所产生的沮丧和痛苦暂时消失了。巴托克在自传中这样记录道:

> 1917年,布达佩斯的观众们对我作品的态度发生了变化,我有幸听到我的一件重要作品,芭蕾舞剧《木刻王子》,在大师埃吉斯托·坦戈的指导下,以完美的方式被表演。1918年,他还安排了我另一部旧作品《蓝胡子公爵的城堡》的演出。

他用一种更悲情的语调继续说道:

> 唉!在这些充满希望的开端之后,1918年却又遭遇了政治和经济局势的彻底崩溃。接下来一年半的时间里,我经历了悲伤和烦恼,这真的很不利于我严肃的创作工作。

第六章

明枪暗箭

当巴托克全神贯注于《木刻王子》的创作时,溃散的种子已经生根了。随着战争进程的拖长,一开始被激起的所谓好战情绪被挫败、厌倦和痛苦取代。战前几年的政治对立与相互指责越发白热化,当冲突接近极其混乱不堪的结局时,专制主义者、民主主义者和共产主义者之间的敌意达到了剑拔弩张的地步。各方都在为过去几年间的损失与耻辱寻找替罪羊。在很短的一段时间内,坚定而温和的外交手段似乎可以挽救局面。1918年夏,哈布斯堡帝国瓦解成若干国家单位已成定局。在德国投降后的几天之内,"匈牙利国家议会"便宣告成立。这实际上是原来的独立党和许多左翼团体的联盟,由米哈里·卡洛伊伯爵(Count Mihály Károlyi)领导。卡洛伊伯爵是一个非常富有的地主,虽说他带有一种与

1919年，卡洛伊政府的宣言大会（匈牙利人民共和国大使馆提供）

生俱来的贵族的优越感，但他有着真正的民主抱负。首相伊斯特万·蒂萨伯爵（Count István Tisza）在议会的最后时刻几乎对所有有争议的问题都作出了疯狂的让步，但要阻止对卡洛伊领导下的国家议会的大力支持已为时太晚，因为人们几乎把所有对"和平"和"人民福祉"的希望都寄托在国家议会上。于是，在这场原本是出人意料的不流血的政变中，自世纪之交以来一直通过其妥协艺术进进退退的蒂萨伯爵自己被当作替罪羊，最终在自己的家中被射杀。

但这不过是一个虚假的黎明。尽管卡洛伊的议会实现了从帝国附庸到共和国的过渡,但它无法承受邻国与战胜国勾结对该国进行的报复性的肢解。在恐慌中,匈牙利倾向于支持左派阵营,以希望列宁(Lenin)领导的新苏联能够支持其主张的领土与主权。在匆忙获释的共产主义煽动者贝拉·库恩(Béla Kun)的领导下,两个工人党之间成立了一个新的"匈牙利共和议会"。彼时的经济状况甚至下降到战时水平以下,城市中燃料和粮食等基本物资日益短缺,大批从丧失的领土而来的难民乘火车不断涌入,更让短缺的态势不可遏制。仅仅过了4个月,库恩的红军就开始了不合适的冒险,向罗马尼亚侵略者和另一个军政府开放了首都,这次又出现了一个秘密的右翼军国主义团体。1920年3月,"匈牙利国军最高指挥官"、海军少将米克洛什·霍尔蒂(Miklós Horthy)被正式"选举"为国家元首,他在巴托克的余生中一直担任这一职位。事实上,这一系列事件的确不利于"严肃的创作工作",其影响在未来20年里也会不断显现。

作为一个国家机构,布达佩斯音乐学院也不能免受局势的突然变化以及官员职位变动的影响。1919年初,当欧登·米哈洛维奇辞去音乐学院院长一职时,卡洛伊政府任命多赫南伊接替他的职务,科达伊担任副手。当霍尔蒂政权在同年夏天有效控制大局时,多赫南伊正在国外巡演。等到11月,他回到布达佩斯,发现自己被停职一年,"而他的任命正在重新考虑之中"。科达伊、小提琴家伊姆瑞·沃尔鲍尔(Imre Waldbauer)和大提琴家克伯利也被停职,等候对他们在共产党政府统治下的活动进行调查之后的判定。巴托克本人曾与多赫南伊及科达伊一起加入库恩的政权所成立的音乐委员会,但除了支持科达伊激进的教育改革计划外,他没有担任任何积极的政治角色。他的主要兴趣是设计一个音乐博物馆,并且担任民间音乐部门的主管(这是他长期以来梦寐以求的教学之外的另一种选择)。起初,他觉得这些争吵不过是一场无聊的闹剧。他在给母亲的信中指出，那些被停课的老师：

继续领取全额工资，当然是不用工作的。事实上，他们比那些没有受到调查的老师过得更好。

然而巴托克低估了形势的发展。右翼的反击非但没有像他所预测的那样最终失败，反而在第二年凶相毕露。

霍尔蒂政权选择了著名小提琴家兼教师耶诺·胡贝担任院长，他的弟子众多，包括斯蒂菲·盖耶、费伦茨·维克塞、伊姆瑞·沃尔鲍尔、约瑟夫·西盖蒂（József Szigeti）、杰莉·达隆尼（Jelly D'Aranyi）和佐尔坦·塞凯伊（Zoltán Székely）。他们都曾在巴托克职业生涯的某个阶段出现，并产生过一定的影响。胡贝大概已经让当局感到满意，因为他能够承受政治压力。作为一名行政官员，他习惯于在不征求同事意见的情况下，向媒体发表空洞而笼统的声明。巴托克当时正在休

6个月的假期,他从一开始就对胡贝的晋升有些怀疑:

> 胡贝先生成功地迈进了国家音乐学院(可能还伴着他自己创作的节日进行曲)……他同时向左派和右派发表声明。

到目前为止,"清算斗争"显然不会结束,尽管胡贝在公开声明中向多赫南伊和巴托克示好,但还是对他们二人持谨慎的态度。曾任共和议会音乐委员会主席的作曲家贝拉·瑞尼兹(Béla Reinitz)彼时已被关在监狱里,而公开宣称自己是共产主义者的贝拉·巴拉兹已逃往国外。真正促使巴托克采取行动的原因是政府长期威胁处分他的朋友科达伊。科达伊遭到两方面的指控:首先,他是瑞尼兹音乐委员会的成员;其次,在他担任学院副院长之时,允许《国际歌》编成管弦乐曲,允许红军招募学院学生,以及对各种官僚体制繁文缛节有侵犯行为。

巴托克和多赫南伊公开向他伸出援手。巴托克指出，由于他也曾在同一委员会任职，因此把科达伊单独揪出来"定罪判刑"显然是不公正的。而且多赫南伊也宣布，在他担任学院院长期间发生的任何事情都由他个人承担。科达伊采集少数民族和外来民族歌谣的行为被指控为"不爱国"，他有理有据地为自己辩白道：

> 我从不干预日常政治。但就象征意义来讲，我所记录的每一段音乐，每一首民谣都是一种政治行为。在我看来，这才是真正的爱国主义，这是将政治议题落实到实际行动当中，而不仅仅是喊喊口号。

没过多久，教育部的官员就搁置了这个案子，以防对科达伊的同情浪潮发展成更具威胁性的力量，但在此之前，他们已经把科达伊从副院长降职为普通教师。

由于巴托克同罗马尼亚人和斯洛伐克人有着密切的私人和学术联系，所以友人科达伊的蒙冤对巴托克来说是不祥的预兆。战时的民谣采集工作（"这项工作对我来说的重要性就像新鲜空气对于他人的重要性一

多赫南伊。他是战后政治阴谋的受害者

样"),由于对自由旅行的限制,被无限期地中断了。在其他方面,他的未来也不确定。他所渴望的那个博物馆职位,除了讨论之外没有任何进展,不过是聊以自慰的幻想。最近有人建议让他担任歌剧院的指挥,这让他感到非常厌恶。而一份右翼报纸称他将加入新成立的音乐委员会，更加让他对当局的文化机构痛恨不已，他立即给主编写了一封措辞严厉的信：

……正好相反，我感到有义务通知你，我对您说的音乐委员会一无所知，我也不愿加入这种将这个国家最伟大的音乐家（即多赫南伊和科达伊）排除在外的音乐委员会。

他的许多朋友和同事都逃到国外以躲避清洗，巴托克本人也认真考虑过移居国外的可能性，柏林、维也纳、特兰西瓦尼亚甚至伦敦都被考虑过。他随后与颇具进取精神的维也纳环球出版公司（Universal Edition）签了一份合同，又把自己的一些民族音乐的研究寄往德国，希望为自己不断积累的那些未发表的创作找到一个出路。

1920年2月，演奏会的差事让他有机会在柏林待了两个月。那时匈牙利和罗马尼亚之间的邮政还没有恢复，所以这也是一个好机会，让巴托克再一次和他的好朋友布西提亚取得联系。

国内的前景相当黯淡,我来这里是想看看能做些什么。我很高兴地发现我在这里很受尊敬。无论如何,我在这里定居是有可能的。

在布达佩斯流传的谣言显然是有充分根据的,说马克斯·莱因哈特(Max Reinhardt)曾与巴托克接触,希望巴托克为他的《利西翠妲》(*Lysistrata*)配乐,一些沙文主义的报纸就传开了"叛国"的抱怨声。最后,正如他对布西提亚所说的那样,是他对民谣的热情驱使他"向东走"的。1920年5月,巴托克回到布达佩斯,不过这次不是住在拉科斯克雷斯图那间生活了10年小屋子,而应是朋友约瑟夫·卢卡奇(József Lukács,马克思主义哲学家乔治·卢卡奇[György Lukács]的父亲)邀请,住在吉欧帕路特卡(Gyoparutca)一栋宽敞的豪宅里。虽说巴托克和家人只有两个房间,但是由于他当时患病,加上通货膨胀和货币汇率问题,巴托克的财政状况已经是窘迫不已,所以他们很感激卢卡奇提供的这个避难所。巴托克一家就在那里住了大约两年。

他们刚安顿下来,媒体就对巴托克在德国的活动进行了持续抨击,从轻声细语式的揭发,突然变为剧烈的、恶意的人身攻击。匈牙利在签订《特里亚农条约》(Treaty of Trianon)后所引起的耻辱和痛苦几乎使沙文主义分子"歇斯底里"地表达爱国热情。巴托克发现自己被打上了叛徒的烙印,只是因为他写了一篇《罗马尼亚民间音乐中的胡尼奥德方言》("The Romanian Folk Music Dialect of Hunyad")。开场的连珠炮是由埃勒莫·塞瑞伊(Elemér Sereghy)教授在《民族日报》(*Nemzeti Ujsag*)上的打响的。这篇报道对巴托克研究的学术性不屑一顾,甚至带有侮辱性的意味,但是其论证依据纯属政治偏见,并对巴托克将罗马尼亚的民谣认定是源自匈牙利的动机揪住不放。也许他的怒火是因为知道巴托克在与德国出版商就这篇文章进行商谈时,其中间人是来自新政权的共产主义的流亡者格扎·里夫兹(Géza Révész)。几天后,批评的声音更显尖锐,巴托克的文章被描述为"危险的毒药",而科达伊被描述为巴托克的"邪恶的守护神"。起初,巴托克完全忽视这种劣质的新闻报道,因为它完全称不上是严肃认真的讨论。但是,当耶诺·胡贝加入战斗时,他的观点,以及他背后的权威地位,使得巴托克不可能不面对挑战。

胡贝意识到巴托克在国际上的声望越来越高,一般来说他应该急于与巴托克保持友好的关系才对。但在这件事上,他发现更谨慎的做法是遵循政党的路线。因此,他在报纸上发表了一项言语傲慢的声明,对德国一家杂志不及时发表巴托克的文章表示遗憾,并认为"只关注我们少数民族的文化的做法是很不周全的"。在对巴托克的结论进行了全面谴责之后,他以一阵愚蠢又无耻的沙文主义口气收尾:

> 今天不能从学术的角度来判断这些问题,而只能从匈牙利国家利益的角度来判断,在目前的情况下,匈牙利的国家利益比学术的细节更为重要,而一般来说,这

些学术细节没有什么重大意义。

巴托克用冰冷、愤怒的回答,对这些指控逐一进行了反驳:

我惊奇地在今天的报纸上读到,胡贝院长对塞瑞伊批评我的观点表示赞同。因此,我不得不公开答复,并指出那些指控中无知偏颇、恶意中伤和故意歪曲事实的方面……我的文章的发表也是可取的,以便向那些在国外的人表明我们对我们的少数民族的高度尊重,我们对他们的文化事务的关心程度,以及我们并没有压迫他们的实情。匈牙利的利益难道就不需要我们驳斥敌人关于"我们压迫少数民族"的指控吗?

在重申了自己对科学方法和结论的信念之后,巴托克向胡贝提出了挑战:

因为我已经做了十多年的研究,我可能比胡贝院长更不容易犯"错误",据我所知,胡贝院长对我收集的匈牙利和其他地区的歌谣并不熟悉,也从未对它们产生过兴趣。如果他坚持自己的说法,那么我反倒要让他说说哪些"伪造的"旋律是来自罗马尼亚的,而且要一五一十地证明为什么是这样的。

就目前而言,面对巴托克的这种不可动摇的道德信念,不实的诽谤已经偃旗息鼓。巴托克对这一切没有感到痛苦,反而感到轻蔑和不屑。他很高兴,真正的朋友们依然还在他周围。

我也没有理由抱怨我的同胞(他在给布西提亚的信中写道)。他们中的一些人可能对我不公平,但其他人则试图以更大的热情来弥补这种不公。

尽管巴托克只是不情愿地被卷入这种性质的政治纷争,但他对变化趋势的判断是相当敏锐透彻的:

军事独裁正在摧毁这个国家的理性生活,就像无产阶级独裁以前摧毁其经济存在一样。

以上这段话是巴托克于1920年写的。在当时就能看出毒害匈牙利社会结构的弊害的迹象,足见巴托克敏锐的洞察力。

歌剧院的总监埃米尔·阿布兰尼(Emil Ábrányi)既不是因为少了一段探戈(这是另一个政治阴谋的牺牲品)而受到审查,也不是因为缺乏艺术涵养的管理体制而受到审查,他只是因为缺少"基督教民族主义"意识而被指责!严肃说起来,埃米尔是因为雇用了几名新的犹太成员,并演出了两部当地犹太作曲家的作品而遭到指控。因为对我们来说,现在的问题已不再是一个艺术家、歌手、学者是否在他的特殊作品中享有良好的声誉,而是在于他是不是一个犹太人,抑或一个具有自由主义倾向的人。因为这两类人将被尽可能地排除在所有公共活动之外。

巴托克自己的创作是如何在这个混乱而令人沮丧的时代承受住压力的呢?不出所料,他的作品是不成系统的，但他所创作出的零星作品表现出他在战争年代对风格和表达力度的掌握丝毫没有动摇。他无情地剥离了现存的熟悉而又传统的元素，转而采用毫不妥协的"现代"音调。巴托克在不放弃他的民间音乐的基础上，果断地进入20世纪欧洲音乐的主流，在那里，他的地位日益得到承认。

《木刻王子》出人意料的成功，以及在首映式上观众们的热情支持，鼓励巴托克继续创作他的下一部舞台剧作品——芭蕾舞剧，或称为"滑稽哑剧"的《神奇的满大人》。该剧充斥的可怕的血腥场景与巴拉兹极富诗情和哲思的抽象形式大相径庭，其作者梅尔希奥·伦杰尔（Melchior Lengyel）属于与布达佩斯同性恋剧院有关联的新自然主义作家群体。剧本于1917年发表在《西方》杂志上，而在次年的一个周日，在伊斯特万·托曼家的午餐会上，此剧的作曲家和剧作家才被公布。在19世纪和20世纪之交，将恐怖和残暴的味道融进世界文学的有爱伦·坡（Allan Poe）、魏德金德（Wedekind）

梅尔希奥·伦杰尔,《神奇的满大人》的剧作者,后来成为好莱坞的剧作家

和王尔德(Wilde)。此特点在音乐上的映射有德彪西打算根据爱伦·坡的《鄂榭府崩溃记》(*The Fall of the House of Usher*)谱写的乐曲(虽然从未完成),以及巴托克在"施特劳斯热"期间颇感兴趣的《莎乐美》(*Salome*,施特劳斯基于奥斯卡·王尔德的戏剧而作)。战争的灾难性恐怖激起了新一轮的文学浪潮,而伦杰尔选择的题材中可能有机会主义的成分。他在匈牙

利失宠之后，成功地将自己的才华融入好莱坞，嘉宝（Garbo）出演的经典电影《妮诺奇嘉》（*Ninotchka*）就是他众多银幕作品的代表之一。巴托克选择这一剧本进行创作的原因更难评定了。当然，战争的丑恶并没有使他无动于衷，他也没有对当前音乐和文学的潮流失去判断。巴托克对斯特拉文斯基和勋伯格的音乐非常感兴趣，他斥责匈牙利音乐界对重要的新发展漠不关心。玛尔塔和他一直在为将斯特拉文斯基的《春之祭》改编为钢琴二重奏而努力，他把这看作他在自己的土地上发掘的民间音乐与俄国原始力量相契合的表现。所以，他自己的风格正走向极端的不和谐和毫不妥协的粗砺，这可能是受到外部因素的影响，但就他的总体风格而言，似乎也是不可避免的演变过程。因此，在他作为作曲家的发展过程中，他对《神奇的满大人》的根本热情达到了一个理想的高度。不过，芭蕾舞剧的上演遇到了一个又一个障碍。由于这些问题大多来自剧本的主题，所以有必要对情节进行一些详细的叙述。幕布一拉起，映入眼帘的是一间位于后街的小房间，房间里几乎没有什么家具，但有一张空床摆在显眼的位置。舞台上，3个男人逼迫一个女孩在窗前跳舞，以吸引街上的男人。第一个受害者是一个上了年纪的醉汉，当他滑稽的手势变成暴力时，便被打了一顿，扔了出去。紧随其后的是一个胆小的年轻人，女孩对他产生了温柔的吸引力。但被发现没有钱时，他也被赶了出去。就在这时，满大人登场了，他是一个神秘莫测、令人敬畏的人物（伦杰尔最初的概念是一个畸形的侏儒）。女孩带着既着迷又厌恶的情绪，重新跳起了她的色情舞蹈，这时满大人追着她绕着房间转，起初很慢，然后越来越疯狂。3个皮条客从躲藏的地方出来，袭击了满大人，想把他闷死。但是，他的欲望是如此不可抑制，一时半会还死不了。他们就不断地拿刀刺他，最后把他吊在天花板上，但直到女孩向他屈服后，血才开始从他的伤口流出，他满足了色欲，沉沦而死。

　　尽管现在人们对戏剧自由的态度比20世纪20年代更

加宽大，但当时人们的态度也不是以教条或严苛著称。这出芭蕾舞剧可以有多种诠释——从人类自身内在的巨大力量，到人类不屈不挠的爱的力量战胜不人道的残忍，但匈牙利当局只看到对暴力和色情明目张胆的煽动。他们犹豫不定，不断妥协，最终提出，将故事背景转移到亚洲一个无名之地，或许可以减轻对公共道德的冒犯。这样，它终于登上了布达佩斯的舞台，不过那已经是25年之后的事了，那时巴托克早已去世。然而，1926年在科隆举行的演出中，教会和媒体是如此义愤填膺，以至于市长亲自介入，这部作品在一场演出后就被禁止上演。

巴托克再也没有回到剧场里。他对戏剧生活的钩心斗角毫无兴趣，或许也是知道自己最大的天赋是在器乐方面。这并不是要贬低他数量相对较少的声乐杰作的重要性，就像我们不能贬低贝多芬的作品《费德里奥》（*Fidelio*）或《庄严弥撒曲》（*Missa Solemnis*）一样。于是巴托克回到了器乐作品的创作之中，首先是钢琴曲

巴托克与母亲，1925年（匈牙利人民共和国大使馆提供）

《八首匈牙利农民歌曲即兴曲》（*Eight Improvisations on Hungarian Peasant Songs*），这代表了他对实际农民音乐材料的最极端的改造。随后，在1921年和1922年，他又创作了两首小提琴和钢琴奏鸣曲，这两首奏鸣曲虽然都没有赢得大众的喜爱，却极大地提高了巴托克在国际舞台上的地位。它们代表了巴托克对不和谐音的大胆试验，这一点，加上某些旋律方面的改进，使他的音乐比以往任何时候都更接近勋伯格的第二维也纳学派。而其中奔腾澎湃的民族舞曲，当然是纯粹的巴托克风格，但如果要辨别出其中的影响，那么也应该提到巴托克当时正在热切研究的波兰作曲家卡罗尔·希曼诺夫斯基（Karol Szymanowski）。这两首奏鸣曲的创作正赶上他与才华横溢的小提琴家杰莉·达隆尼一次偶然的重逢。巴托克在学生时代就认识达隆尼。她的家人在战前就移民到了伦敦，但她在1921年访问了布达佩斯，巴托克对她演奏时的热情和丰富的想象力感到兴奋。两首奏鸣曲都是献给她的，但奇怪的是，首演都不是由达隆尼完成的。当她在巴黎和伦敦与巴托克合作演出时，他们获得了巨大的成功。巴托克告诉他的母亲，第一首奏鸣曲在巴黎的首演特别令人兴奋，达隆尼"表现得非常出色"。法国音乐学家亨利·普鲁尼叶（Henri Prunières）

在音乐会结束后举办了一场晚宴,"出席晚宴的有'世界上一半的主要作曲家',如拉威尔(Ravel)、希曼诺夫斯基、斯特拉文斯基,还有一些预想之外的声名狼藉的法国年轻人"。

这些年轻的、"声名狼藉"的法国人包括米约(Milhaud)和普朗克(Poulenc),他们都给巴托克寄去了热情洋溢的信,讨论这两首奏鸣曲。

由于持续的旅行限制,民间音乐的采集仍然停滞不前,所以这一领域的活动仅仅限于对现有材料的组织和分类上。巴托克和科达伊为此目的在学院组织了志愿讨论会,工作稳步推进。不过安塔尔·多拉蒂(Antal Doráti)回忆说,大多数学生参加讨论会是出于对老师的感谢,而并没有对所涉及的艰苦杂务表现出极大的热情。

巴托克大规模的旅行再次增加。巡回音乐会让他有机会去到英国、德国、荷兰、法国和意大利,还有他深爱的特兰西瓦尼亚。在一些省份,他演奏了德彪西和斯卡拉蒂（Scarlatti）的混合曲目，其间穿插着他自己和科达伊创作的难度不大的作品，而在首都演出中则介绍了他最艰涩的新作品，如《练习曲》（*Studies*，作品18）和小提琴奏鸣曲。虽然巴托克1918年至1923年间创作的作品寥寥无几，但他在这一时段有时间创作已经很让人吃惊了。他在布达佩斯的公开演奏在很大程度上仅限于室内乐，但在国外，他的声誉和他的活动范围逐年增长和扩大。英法两国的报纸把他的露面视为重大事件，大批有见识的观众热情支持，令人感动。维也纳的《先锋音乐报》（*Musikblätter des Anbruch*）专门就巴托克的40岁生日刊发了专号，布达佩斯反而没什么动静。

最终，匈牙利政府再也无法在巴托克的国际赞誉面前无动于衷。1923年，在布达与佩斯两个老镇合并50周年之际，匈牙利政府纡尊降贵，宣布将举办一场节日音乐会，专门欢迎巴托克、科达伊和多赫南伊这三位先前他们眼中的"害群之马"回归。

音乐会的曲目包括：

1923年音乐会的海报。它标志着巴托克、科达伊和多赫南伊三人地位重获肯定

《节庆序曲》(*Festival Overture*)——多赫南伊

《匈牙利赞美诗》(*Psalmus Hungaricus*)——科达伊

《舞蹈组曲》(*Dance Suite*)——巴托克

即使在那时,三位"反叛者"也对迫害他们的沙文主义者表明了一些挑衅。虽然多赫南伊是从无可挑剔的资料来源中创作了《节庆序曲》,但另外两人在他们的作品中几乎毫不隐瞒地提及他们最近的经历。科达伊通过对16世纪《诗篇》第55首的改写,表达了一些具有明

显象征意义的话:

> 宁可住在旷野,
>
> 宁可隐居森林深处,
>
> 也不愿意与阴险的骗子和卖国贼同住,
>
> 他们不允许我讲真话。

而巴托克则在他荡气回肠的《舞蹈组曲》中大量运用了"外来的"罗马尼亚和阿拉伯音乐素材,以及马扎尔的音调。

还有一个重要的方面值得注意,那就是这部令人振奋的作品标志着作曲家跨越了最后的鸿沟。组曲中的每一个主题都是巴托克自创的,他的灵感来源似乎从未像现在这样明显。本土化的过程宣告结束,巴托克寻找"真正民族风格"的使命完成了。

这个难忘的匈牙利音乐之夜上,《舞蹈组曲》的呈现效果比委托机构所能想象的,或这部作品应得的更加恰到好处、卓越不凡。

PART 7

第七章

蜚声国际

巴托克与第二任妻子迪塔·帕斯托里（Ditta Pásztory）（匈牙利人民共和国大使馆提供）

1923年可以说是巴托克个人生活中很重要的一年。在这年夏天,他和玛尔塔离婚了。同年8月,巴托克与21岁的迪塔·帕斯托里结婚,她在一年前就选了巴托克在音乐学院开设的钢琴课。可能是巴托克发现玛尔塔顺从的本性令人压抑(正如一位匈牙利研究人员所指出的那样),也可能这只是老师和学生之间不可抗拒的吸引力。这次家庭变故的实情与背景从未被完全揭露出来,因为巴托克天生对任何个人生活的揭露都感到十分厌恶。无论如何,似乎最后是玛尔塔逼迫他采取了不可挽回的步骤。在避免了其他不必要痛苦的情况下,巴托克也就这样照做了。从他们的信中可以看出,两人这样做的目的都是减轻母亲葆拉·巴托克的痛苦和焦虑,以及照顾儿子小贝拉的感受。小贝拉当时似乎已经"了解了情况的特殊性"。

奥托·克伦佩勒（Otto Klemperer）几年后回忆起的与巴托克的一次合作，证实巴托克离婚时没有明显的怨恨和痛苦。

> 他是个很奇怪的人，很含蓄，很害羞，但很有同情心。当时他有了一个新妻子。但是第一任妻子也来参加了彩排，所以他带着两个妻子出现了！

巴托克这种冷峻矜持与狂热激情的交织，对许多见过巴托克的人产生了不可磨灭的影响。如果不是因为他们的印象完全一致，他们对巴托克的举止和个人外表的描述就会让人以为是一种浪漫主义的夸张。即使是那些与他没有直接接触的学生，在走廊里擦肩而过时也能感受到他的存在所带来的力量。多拉蒂对巴托克的回忆就是非常典型的例子：

> 巴托克相当矮小……非常瘦，脸色苍白，满头白

发。（描述得并不错。巴托克当时虽然只有34岁，头发却已经灰白。）他的嘴唇薄薄的，在露出一丝胆怯的微笑时几乎看不到它在动，在让别人听到他轻声细语时也几乎不会分开。巴托克有一个漂亮、笔挺的鼻子和一双炯炯有神的眼睛！这双眼睛，绝对世所罕见！他那火辣辣的、刺人的眼神，似乎在他注视着的每一个人身上都烙下了印记。

除了学生和其他音乐家，表达溢美之辞的还有一个由阿拉达尔·托特（Aladár Tóth）领导的敏锐而直言不讳的评论派别，他们敦促巴托克的同胞们承认并赞扬这位真正具有国际地位的匈牙利作曲家。外国乐团对巴托克《舞蹈组曲》的赞誉也很高，这套组曲在布达佩斯的首演之后，一年之内就分别由阿姆斯特丹的皮埃尔·蒙都（Pierre Monteux）、辛辛那提的弗里茨·莱纳（Fritz Reiner）以及布拉格的瓦茨拉夫·塔利赫（Vaclav Talich）演奏。1925年，该组曲仅在德国就有超过50场演出。

不过，总的来说，即使在那个时候，布达佩斯的公众也没有真正把巴托克放在心上，反动势力对他仍然怀有相当大的敌意。虽然说巴托克早年经历了一些挫败，然而，自我怀疑和优柔寡断已经是过去的事了。事实上，他在1923年和1926年之间只有一部作品问世（《乡村景色》[*Village Scenes*]——为女声合唱和钢琴而作的斯洛伐克民谣），这不应归因于沮丧的不断增加或信心的丧失，而是因为他在三个领域，即演出、教学和研究的压力不断累积。

虽然民谣素材的采集仍然不是一个切实可行的提议，但对现有资料的整理工作从未被遗忘。这是一项艰巨的工程，而且真的是一项永无止境的任务，但这与其说是一种威慑，不如说是一种吸引。巴托克认为民间音乐是一个纯粹的灵感来源，从那里他可以更新他的力量、补充他的想象力。巴托克的鸿篇巨制《匈牙利农民音乐》（*Hungarian Peasant Music*）1924年在布达佩斯的出版是一个重要的里程碑。他收集了大约3000首斯洛伐克民歌，整理工作从1922年到1928年断断续续地进行着。另一本著作是《罗马尼亚圣诞歌曲》（*Romanian Colinde*），也是他最喜欢的一本集子。当牛津大学出版社的一位来访代表对他表现出极大的兴趣时，他满怀希望。然而，他没有考虑到英国学者们的拖沓作风。在巴托克愉快的期待之后，接续而来的是对他们悠闲生活方式的恼怒和沮丧。他最终自费在维也纳出版了此书的缩减版，由于整个过程拖了9年之久，最终的结果很难归咎于巴托克的心浮气躁。

巴托克的文艺活动并不局限于民歌，他为很多音乐刊物都写过文章，主题从勋伯格和斯特拉文斯基，到李斯特和莫森伊之间的通信，几乎无所不包。更不用说那部1924年在伦敦出版的《现代音乐与音乐家辞典》（*A Dictionary of Morden Music and Musicians*）了，其中所有有关匈牙利音乐和音乐家的条目都出自巴托克之手。

教学对巴托克来说仍然是一种负担，但他还是全心全意地奉献自己。他的学生们回忆起自己的老师时都怀着感激和爱慕的心情：

> 我记得他说话很温和，很有礼貌（格奥尔奥·索尔蒂爵士回忆道），如果他要批评什么，也总是非常温和……我对巴托克最深刻的感觉是一种类似于对牧师或教皇的尊敬。他离我们非常遥远，你从来没有听到过关于他的任何流言蜚语！他绝对纯洁高尚，像个圣人。

尽管巴托克觉得自己很难适应教学的行政工作，然而其中也有一些他无法预见的附带好处。他的许多学生都在之后的困难岁月里成为他的帮助之源，其中一位学生，指挥家弗里茨·莱纳就在美国大力宣传支持他的作品。巴托克最初把研究早期键盘音乐（包括弗雷斯科巴尔迪［Frescobaldi］、库普兰［Couperin］和马塞洛［Marcello］）作为一项教学练习，为自己作为钢琴家演奏的曲目提供了宝贵的补充，更重要的是，为他之后创造力的爆发增加了一个新的维度。

巴托克作为钢琴家的声誉也许被他作为作曲家的伟

大遮蔽太多了。伊斯特万·托曼认为，在当代钢琴家中，布索尼和巴托克最接近李斯特那出神入化的境界。如果说，老师对自己最喜爱的学生的评价，其客观性值得怀疑，那么奥托·克伦佩勒的评价就不容小觑了：

> 他是一位出色的钢琴家和音乐家。他的音色之美、演奏之激昂慷慨与轻快活泼令人难忘。这样的美感几乎让人无法承受。他的演奏非常自由，这就是其美妙之处。

其他人则评论他的诠释手法清晰完整，但这显然并不妨碍他那瘦小的身躯偶尔爆发出火山般的能量，正如奥林·唐斯（Oline Downes）所称赞的那样：

> 他通过富有诗意的构思表现出一种与生俱来的对键盘的本能，有时还表现出一种精湛的技巧和强烈的热情，这在一个谦逊而不做作的人身上是惊人的。

到几个欧洲国家举办巡回演奏会是巴托克每年一度

的活动，尽管他不愿意在这件事上花太多时间，但他享受旅行带来的自由，旅行让他逃离了布达佩斯那幽闭恐怖的压力。如果国内的官方人士对他的成就评价甚少，那么邻国的罗马尼亚人无疑会对他表示热烈的赞赏。1923年10月他回国时路过罗马尼亚，在当地受到了热烈的欢迎，在首都布加勒斯特举办的钢琴独奏会是整个旅程的高潮。巴托克还在那里举行了一场室内乐音乐会（由罗马尼亚作曲家协会组织），汇集了两国的主要音乐家。巴托克和乔治·埃奈斯库（George Enescu）一起演奏了《第二小提琴奏鸣曲》（*Second Violin Sonata*）。罗马尼亚政府授予巴托克一项官方荣誉，即马伦提骑士团（Bene Merenti Order）一等骑士。

这种与昔日敌人交往甚欢的无耻行为，在布达佩斯不可避免地引起右翼分子的厌恶，他们不失时机地再次进行猛烈的抨击。尽管巴托克对库恩政府的无能发表了严厉的评论，但他仍被强硬派视为共产主义者，并因与左翼流亡分子有联系而多次受到攻击。当巴托克宣布计划重演巴拉兹的两部舞台剧时，甚至遭到了暴力威胁。为了回应持续不断的压力，文化部对巴托克在仍有争议的特兰西瓦尼亚地区（现已正式成为罗马尼亚领土）演出一事提起诉讼。指控很快就被撤销了，但巴托克一定对罗马尼亚政府的报复姿态感到窃喜，因为罗马尼亚政府拒绝向耶诺·胡贝颁发入境许可，而后者原本计划1924年在罗马尼亚举办几场音乐会。

之后，巴托克对匈牙利政府的种种行为已经反应冷淡了。即使国家给他再多的奖项和奖品，他也因为他的主要作品一再遭到忽视，而时常有痛彻心腑的感觉。他只有把眼光放到匈牙利之外，才能保证他的音乐地位。他被精力充沛的英国学者爱德华·J. 登特（Edward J. Dent）招募加入了新成立的"国际现代音乐协会"（International Society for Contemporary Music）的活动中。从那时起，他的作品就成为该协会音乐推广活动的一个特色。布拉格的报纸《波希米亚报》（*Bohemia*）在一篇关于1925年音乐节上《舞蹈组曲》表演的报道中指出,他的音乐不仅受到外国音乐家的赞赏,而且逐渐为世人所理解。

巴托克的作品不再是匈牙利查尔达什舞曲风格的切分音作品,也不再是那些过于伤感的曲调。他回到了匈牙利民歌和舞蹈的原始来源,并以自己的方式重塑了它们。它的节奏和热情洋溢的气质充满了一种野蛮力量,其节奏之澎湃如水银泻地,如万马奔腾……其他外国作曲家的作品都没有受到如此热烈的欢迎,巴托克不得不接二连三地上台致谢。

能从斯特拉文斯基、亚纳切克(Janácek)、米约、布索尼和沃恩·威廉斯(Vaughan Williams)等一众顶尖作曲家中脱颖而出,肯定温暖了巴托克那沉默孤独的心灵,但也许不如之后在布达佩斯的精彩演出那般(由瓦茨拉夫·塔利赫率领的捷克爱乐乐团演奏)更令巴托克欣喜快慰。这次在国内的演出确实也广受欢迎,减轻了他内心深处的悲伤。他和所有人一样,竟然是因为参加

"非匈牙利的活动"而受到责备。就在一年前,即1924年11月,他遗憾地对一位外国记者说:

> 也许有一天我会被公认为匈牙利作曲家,不过,也许到那时我已经不在人世了。

作为一名钢琴家,巴托克必然地呈现出一种有点过时的自我形象。他的上一部钢琴作品是1920年的《即兴曲》(*Improvisations*),所以他的演奏曲目没有任何迹象表明他在《舞蹈组曲》和两首《小提琴奏鸣曲》的基础上取得了巨大的进步。因此,当他在1926年再次拿起笔创作时,他自己几乎只关心钢琴曲的写作。经过一个夏天兢兢业业的创作,他的演奏曲目变得更加丰富,增加了《钢琴奏鸣曲》(*Piano Sonata*)、组曲《在户外》(*Out of Doors*)、《九首钢琴小品》(*Nine Little Piano Pieces*)和他的《第一钢琴协奏曲》(*First Piano Concerto*)。作为一个整体,这些曲子极好地体现了他当前的位置,展现了他一贯的钢琴乐曲的风格。

《九首钢琴小曲》见证了巴托克对早期键盘音乐的研究,并引入了一种新的对位技巧,这种技巧从此成为他音乐的一个整体特征。这些钢琴曲也被称为仿照当时流行的"新古典主义"风格而进行的一种探索。对浪漫主义风格的突破可以采取多种形式,而巴洛克大师们所体现的客观性在许多作曲家看来是一种值得重拾的理想。普朗克、欣德米特,尤其是斯特拉文斯基,在不同时期都沿着这条路向前探索,德彪西和拉威尔也逃不脱这条路径,不过他们没有同样的刻意卖弄。巴托克当然知道斯特拉文斯基早期的"新古典主义"作品,但巴托克对其美学观点感到反感,因为斯特拉文斯基认为音乐除了自身之外,无法表达任何东西。

巴托克说:"巴赫也表达了一些东西——他生命中的某些时刻。"然而这些作品(虽然很难算在他最伟大的作品之列)明显地避免了艺术技巧和造作的元素,正是这些元素让新古典主义的许多作品迅速地被历史所淘汰。

然而，这种复调音乐的经历为巴托克的音乐语言增添了更丰富的维度，他在不损害个性的前提下吸收、汲取新鲜思想和各类影响，是他将生活经验转化为艺术的看家本事。

自从1911年巴托克将《粗野的快板》推向世界以来，他钢琴音乐中那种粗犷、强悍的驱动力就一直触怒着保守人士。1915年，博学多识的《音乐季刊》（*Musical Quarterly*）的评论家把巴托克的作品比作：

毫无意义的一串串音符，显然就好像这位作曲家穿着靴子在键盘上漫步。

最后，这位评论家作了以下结论，把自己写进了庸俗主义的历史：

有些人可以用肘部弹钢琴，有些人可以用手掌弹钢琴。这些人既不需要手指来演奏，也不需要耳朵来聆听。

30多岁的巴托克在瑞士度假

《星期日泰晤士报》(*The Sunday Times*)抨击道："颠三倒四，不堪入耳。"巴托克这个名字象征着不甚了了的外行人所理解的"现代音乐"，就像毕加索象征着"现代艺术"一样。《钢琴奏鸣曲》肯定激起了传统主义者不安的情绪，就像它让那些敢于冒险的人感到兴奋一样。尽管它热情洋溢的节奏与奔放的活力同《舞蹈组曲》有许多共同之处，但这种乐器的单色性，以及巴托克对打击乐的处理，突显了民间音乐节奏的原始豪迈和旋律的质朴无华。慢速乐章作为传统上奏鸣曲的表现核心,先将一个单一音符用没有细微差别、节奏最简单的方式敲20遍,然后逐步过渡,完成主旋律的陈述,其间伴随着左手弹奏的苍白、冷漠的不和谐音。其中有一些弹奏手法可以追溯到李斯特的钢琴演奏,而且在将传统音乐形式转化并辅之以特定的情绪方面,巴托克与贝多芬可以说是一脉相承。但这些都是表面的比较,当我们深入审视其大胆而纯粹的创意概念时,这首奏鸣曲绝对算得上钢琴演奏的里程碑。这些观察适用于《第一钢琴协奏曲》的许多方面,其特点是相同的打击乐钢琴写作以及原始的主题素材。巴托克非常需要一个新的媒介以帮助他和管弦乐队的演出。到目前为止,他一直依赖于不再具有代表性的《第一狂想曲》。尽管这首曲子在鲁宾斯坦的比赛中遭遇挫败,但巴托克一直对它保持着一种特殊的喜爱。一部成熟的协奏曲的重要性就这样立即得到了认可,在首演(在法兰克福由富特文格勒[Furtwängler]指挥)之后,其他重要指挥家如埃里希·克莱伯(Erich Kleiber)和皮埃尔·蒙都也相继登台演出此曲。

《在户外》组曲的中间乐章《夜曲》(*Night Music*,专为迪塔而作),向我们介绍了一个更加独特的巴托克式的声音世界。它是对夜晚自然声音和氛围的神奇召唤,不是肖邦(Chopin)那种语言丰富的夜间梦境,更不是无数诸如题名为"在小溪边"或"林中低语"的19世纪钢琴作品的单调乏味。巴托克的视野与贝多芬《田园交响曲》(*Pastoral Symphony*)或斯美塔纳(Smetana)的《我的祖国》(*Ma Vlast*)中浪漫、泛神论的视野也没有多少共同之处。他的自然世界充满了昆虫的鸣叫、树枝和灌木丛中可怕的沙沙声,以及一只受惊的小鸟突然发出的尖叫:

这些声音激起人们对真实世界之外的一个夜晚的想象,那是属于巴托克自己的夜晚(评论家阿拉达尔·托特在首演后写道)。这是匈牙利最出色的捕捉自然诗意的杰作之一。

一位纽约漫画家笔下的巴托克

巴托克对自然界的浓厚兴趣并不是什么新鲜事。早在1907年,他就曾对斯蒂菲·盖耶说过:"如果我在自己胸前画十字,那将是在大自然、艺术和科学的名义之下。"他认为民间音乐本身就是一种自然现象,在他采集民间音乐的过程中,他还收集了大量的昆虫、飞蛾和贝壳,并对自然历史有了全面的了解。在他待在美国的最后几年，有人看到他这样一个虚弱的老人竟然用手杖戳着牛粪，专注地凝视着里面的各种生物，旁观者都惊呆了。

就在这个时候，巴托克第一次来到他将永远安息的土地。1927年12月至1928年1月间，巴托克安排了一次大规模的美国巡演。然而，他的第一印象是好坏参半的。虽然他对"到处都是令人发狂的喧哗声"感到困惑，但他钦佩美国人民旺盛的活力，然而他也发现那种商业至上主义着实令人沮丧。这次的巡回演出是一个异常艰巨的过程，不仅在纯粹的演奏数量上让人应接不暇，行程之广也很是之前少有的。接二连三的管弦乐表演、室内乐和独唱独奏几乎令人眼花缭乱。另外让巴托克紧张的是他在独奏前半小时的演讲，这极大地考验了他的英语水平。尽管如此，他还是很高兴有机会为匈牙利音乐作一些宣传，澄清外界对自己作品的一些误解。

他几乎没有时间满足自己作为旅行者的好奇心，但他确实去了旧金山的一家中国剧院（"除了门卫，我是在场唯一的白人"），也第一次听到了地道的爵士乐。与一些报道相反，巴托克并不否定爵士乐的价值。

在过去的几天里，我在芝加哥地下酒吧听到了真正的黑人爵士乐。这真的很好。他们按照乐谱演奏，但也常常会即兴表演，真是令人陶醉。

然而，他明确表示了自己真正热衷的是什么：

我们不需要爵士乐。我们有自己优美的民间音乐，投入爵士乐的怀抱是多余的。

到了1月底，无休止的旅行，以及在车站和热得无法忍受的旅馆房间里无精打采地等待，已经严重消耗了巴托克本已虚弱的身体，他已经急切地想要回家了，3月6日，巴托克踏上了回家的路。

另外两部杰作为巴托克这一多产时期锦上添花。他的弦乐四重奏，与贝多芬的一样，就像是包含他个人成就的简历一样,将他成熟风格的各个发展阶段具体化。有意识保留的简洁风格使个人作品在他的成就全景中脱颖而出,独具特色。

1927年创作的《第三弦乐四重奏》(*Third String Quartet*)是系列中最短但或许也最难理解的作品,因此它也被称为巴托克"表现主义"时期的代表作。巴托克"表现主义"时期的作品包含了《神奇的满大人》、两首小提琴奏鸣曲和1926年创作的某些钢琴曲。而这首四重奏和声音调粗砺刺耳,结构组织简洁凝练,打击乐风格的和弦结尾与钢琴音乐的野蛮暴力不相上下。巴托克将这首作品提交给费城音乐信托基金(Musical Trust Fund of Philadelphia)组织的竞赛,令他惊喜的是,他和阿尔弗雷多·卡塞拉(Alfredo Casella)共同获得了6000美元的一等奖,这在匈牙利也引起了巨大的轰动。

你很难想象这在布达佩斯引起了什么样的轰动。6000美元!我从一开始就告诉所有人,不可能有那么多的奖金，但都没有效果；现在大家都知道我赢了6000美元。

尽管巴托克需要和另一位获奖者平分，但他那份3000美元的奖金仍然是一剂良药，也是他的第一笔主要的经济回报。奇怪的是，一位不知名的作曲家H. 沃尔多·沃纳（H. Waldo Warner）获得了第二名，可是他获得的实际奖金超过了两名一等奖得主。

大约在美国归来的一年之后，巴托克的《第四弦乐四重奏》（*Fourth String Quartet*）也创作完成。它展示了和之前的四重奏一样严谨的逻辑，但扩展到五个乐章。从这以后，整体结构成为巴托克音乐创作中越来越重要的因素，"拱门"形式（"arch" form）也成为后来几部作品的原型。简单地说，这个"拱门"可以说是一个回文结构（palindrome），第一乐章和最后一个乐章密切相关，第二乐章和第四乐章也是这样，中间的缓慢乐章形成全曲的基石。巴托克的这种对建筑式设计的日益关注,丝毫不会淡化或压制其对表达强度的重视。慢板乐章中大提琴热情奔放的马扎尔挽歌、神奇的夜之声、疾驰旋风式的"最急板"(Prestissimo),都是对情感冲击的最直接表达。

后来的音乐理论家十分详尽地分析了弦乐四重奏,尽管巴托克享受这些学者对自己作品中理论内涵的发

巴托克与小提琴家佐尔坦·塞凯伊

巴托克与小提琴家约瑟夫·西盖蒂

掘,但他并不在意现实问题,他友好的一面更多展现在为约瑟夫·西盖蒂和佐尔坦·塞凯伊两位小提琴大师创作的《狂想曲》上。巴托克并不是一个可以一挥而就的天才,但是,通过不屈不挠的毅力和对艺术的忠诚,他已经完全掌握了那种不受约束的表达技巧,无论什么外在因素左右他对编排或媒介的选择,他都能直抒胸臆。

PART 8

第八章

登峰造极

1927 年 3 月的巴托克

巴托克已经对自己的作品有了十足的把握，这使他摆脱了自我保护的限制。尽管巴托克在他的职业生涯中从未染指任何可以被称为商业主义的领域，但在十分有限的程度上，他还是利用自己的声望赚取了一些财富。现在，人们带着恳求委托他创作新的作品，而他也能够适应他们的要求进行创作。他把题名为《特兰西瓦尼亚舞曲》（*Transylvanian Dances*）的钢琴小奏鸣曲和《十五首匈牙利农民歌曲》（*Fifteen Hungarian Peasant Songs*）中的一部分改编成管弦乐曲，他坦率地承认：

我是为了钱才创作这套管弦乐组曲的。这种作品一定会被搬上舞台，因为它的曲调是令人愉快的，也不是很难演奏，而且是由"著名的"作曲家创作的。

在两首《狂想曲》中，巴托克还克服了早期对城市流行音乐的反感，第一次使用了19世纪"入伍欢送曲"的元素。他曾经认为这种东西并不代表匈牙利民间音乐的真正基础，而他现在能够把它看作匈牙利音乐文化的一部分。他以稳如磐石的姿态从象牙塔中现身，此时他知道自己的音乐个性已完全确立、不可动摇。

在他游历了欧美之后，只剩下一个领域需要征服了，巴托克在1929年底到1930年1月上半月期间着手此事。在政府一级，苏联和霍尔蒂统治下的匈牙利之间自然存在着很深的对立，但它们又保持着微弱的文化联系。苏联的杂志上有很多关于"资产阶级遗产"和"左派"音乐的批判文章，但"社会主义现实主义"的要求还没有完全控制现代思想的发展和传播，而且至少在莫斯科和列宁格勒，还存在着活跃的先锋派。

巴托克的苏联之旅从哈尔科夫（Kharkov）开始，然后到敖德萨（Odessa）和列宁格勒。政治上的考虑立刻让位于他长久以来的激情：

我看到的当地民间传说的收藏，尤其是彼得堡的那些，令人印象深刻，而且绝对算得上稀世珍宝。

巴托克对经济形势的评论仅限于实际观察：

实际上，这里根本就没有好的钢琴，旧的钢琴早已破败不堪，无法修复，因为所有的材料都需要从国外进口。

苏联人民的友好和热情让人感动，巴托克对他有时混乱无序的日程安排也一笑置之，表示理解。音乐会常会被取消，因为没有足够的时间允许他在场馆之间往来穿梭，而且也不确定哪趟火车会开，或者需要多长时间才能到达目的地。

但除此之外（他在给迪塔的信中写道），他们都是非常可爱的人，他们给我带来了大量乐谱和民歌出版物（我将有很多东西可以带回家了）。音乐会结束时，观众也表现得非常热情，他们高呼"bis! bis!"（"再来一首！再来一首！"），于是我又演奏了3首。音乐会结束后，我们去了一个"贵族"的庄园，它现在归乌克兰人民委员会所有，我们在那里举行了一场宴会，以祝贺匈牙利与乌克兰之间长久的友谊。

让人耳目一新的是，这里的观众是真正"来自人民大众的"，而不像欧洲和美国的音乐厅里那样，只局限于社会精英阶层。在任何地方，这些观众的热情都是发自内心的。

整个旅程只持续了3个星期，所以巴托克没有多少时间去闲游，但他发现了许多偶然的乐趣，充实了他的旅行记忆。

莫斯科看上去就像人们在照片里看到的那样：屋顶上积满了雪，似乎随时都可能塌下来，到处都是叮当作响的单马拉的雪橇……莫泊桑说得对，人应该在隆冬时节到这里来（正如人应该在盛夏时节到非洲去一样）。这时，这个国家正处于其最具特色的时期。

又一次,巴托克回到家时感到了身体不适、筋疲力尽,但几乎没有时间休息,他又开始了他的旅行。这次是去瑞士,在那里,他要参加1月底的两场自己作品的音乐会。要是把他在欧洲的所有音乐会演出都记录下来想必会惹人厌烦,因为这已经成为他生活的一个日常组成部分了,然而这次在国际现代音乐协会的赞助下,对巴塞尔(Basle)和苏黎世的访问意义重大,原因有很多。首先,巴托克又能和盖耶见面了(那时她与丈夫住在苏黎世),盖耶、巴托克以及歌手伊罗娜·杜里果(Ilona Durigo)一起出席了音乐会。在音乐会上,巴托克第一次见到巴塞尔的马勒-威德曼夫人(Mrs Müller-Widman)。她是巴托克的一位崇拜者,后来二人成为好朋友。巴塞尔室内乐团充满活力的年轻指挥保罗·萨克(Paul Sacher)也在这时结识了巴托克。萨克是拥护20世纪现代音乐最重要的人物之一,他通过委托几个主要作曲家创作音乐作品,丰富了管弦乐队的演奏曲目。巴托克在20世纪30年代后期最伟大的3部作品,《为

巴托克与作曲家康拉德·贝克尔（Conrad Becker）、指挥家保罗·萨克的合影。巴托克在20世纪30年代的许多伟大作品的创作都要归功于萨克的委托（匈牙利人民共和国大使馆提供）

弦乐、打击乐与钢片琴写的音乐》（*Music for Strings, Percussion and Celesta*）、《双钢琴与打击乐奏鸣曲》（*Sonata for Two Pianos and Percussion*）以及为弦乐团写的《嬉游曲》（*Divertimento*）都要归功于萨克的影响。萨克在巴托克去世后不久发表了一篇颂词，生动地描述了这位作曲家：

凡是遇见巴托克的人，只要想到他作品中那节奏的力量，都会对他那瘦小、纤细的身材感到惊讶。他的外表看起来就像是个精力充沛的学者。他有着狂热的意志和冷峻的威严，背后是热情精神的鼓舞，虽然他表面上看似乎不可接近，行为举止彬彬有礼。他的生命发出光和热，他的眼睛燃烧着一团高贵的火焰。在他犀利目光的注视下，任何虚假和模糊都难以遁形。如果在一场演出中，他把一段特别难以驾驭的段落表现得很好，就会像孩子一样高兴地大笑；当因为成功解决一个问题而感到满意时，他真的会喜形于色。

让巴托克出国访问的不仅是他的音乐，还有他在音乐研究方面的声誉。然而这样的冒险并不总是有益的，他最快乐的工作是在野外采集民歌，而学术会议、研讨会以及学术世界的"高人一等"并不合他的天性。1931年在日内瓦召开的会议就是这样的一次活动，那是由国际合作联盟委员会（League of Nations Committee for International Co-operation）主办的。作为一个社交场合，这一学术活动自有它的吸引力，巴托克喜欢与托马斯·曼（Thomas Mann）及保尔·瓦雷里（Paul Valéry）等著名的文学家为伍，但随之而来的官方活动

却不那么令人愉快。在写给母亲葆拉·巴托克的一封长信中,巴托克就对匈牙利外交部举办的宴会发表了尖刻的评论:

> 每一处摆放着昂贵威尼斯玻璃器皿的地方都有五六个酒杯,杯柄呈海豚形。午餐前,有美味的鸡尾酒(白兰地),餐后有匈牙利名酒考托伊(这种美酒当然是应该出现在匈牙利外交部举办的宴会上了)。然而,午餐并不令人愉快,在某夫人(部长的美国妻子)可怕的尖叫声中和这些圆滑外交官们的陪伴下,我几乎无处可逃,他们是一群装腔作势的人,与艺术家们完全不同。

会议的进程很快就陷入了客套、小组讨论会和繁文缛节的泥潭,但巴托克不愿意这样随波逐流。在描述自己的贡献时,他表现出了一种意想不到的幽默讽刺天赋。作为在场的唯一一位音乐家,他被要求提出一个建议:

PART 8 第八章
登峰造极

我解释说，我只能提出一些会花很多钱的建议；他们回答说这不要紧。到目前为止一切顺利，所以那天晚上我继续写了一些提议（关于留声机唱片的）……在后来的小组委员会会议上，我们起草了一项决议，当然这项决议与最初的决议大不相同，也毫无用处，但它不需要花一分钱。

这是他第一次体验到学术界里那蝇营狗苟、诽谤中伤的不堪一面，他惊奇地审视着这一切：

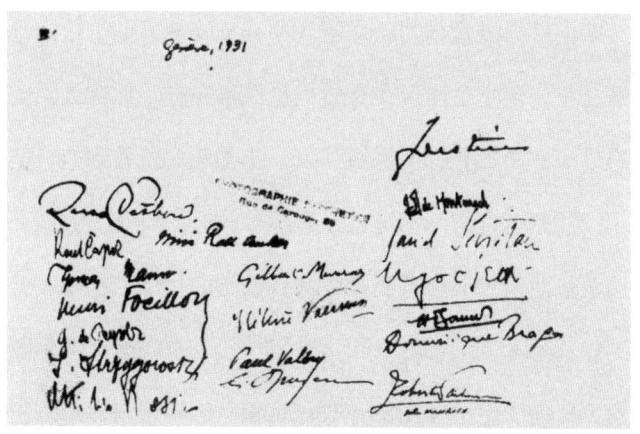

1931 年日内瓦会议参会者的签名

看到一个发言人对另一个发言人的反应是很有趣的。首先，他们都说听到前一个发言人的提议真是最大的乐趣和享受，赞美发言人的想法是好的，但说法并不是很准确，而且在付诸实践之前需要稍加修改，或者其中的某一方面是不正确的。最后，竟然演变成认为前一个发言人说的话完全不中听。然而，讲话的礼貌态度是首要考虑的因素。有一件事你可以非常确定，那就是这个会议永远不会有任何暴力事件发生。

对这种事情巴托克可以一笑置之，用一种自嘲式的态度化解，就像他对待蒙瑟（Mondsee）暑期学校中几乎没有任何学生出现在课堂上这件事一样。但令人不安的政治态势不允许他保持沉默。正如我们所看到的，他从一开始就直言不讳地批评霍尔蒂政府的反犹太倾向，随着法西斯主义渗透到意大利和德国的生活结构中，他的焦虑和不满让他公开地表达意见。1931年，阿尔图罗·托斯卡尼尼（Arturo Toscanini）因拒绝指挥一首法西斯进行曲而遭到殴打，并且被驱逐出意大利。巴托克向国际现代音乐协会起草了一份解决方案，敦促协会在即将到来的牛津会议上立即采取行动，抵制日益增长的国家干预，呼吁艺术自由，并提出"保护艺术的完整性和自主权"的倡议。

当然，他对匈牙利的政治形势并不满意。霍尔蒂政权那时已经很稳固，尽管它的民族主义姿态相当强烈，但在改善普通民众的生活方面几乎毫无作为。霍尔蒂本人严重依赖旧统治阶级的支持，对他最为忠诚的两个追随者是伊斯特万·贝斯伦伯爵（Count István Bethlen）和久拉·冈博斯将军（General Gyula Gömbös），前者是发家于羊毛生意的贵族，后者是彻头彻尾的野心家。政府几乎没有采取任何措施来缓解农民的贫困状况，左翼知识分子的偶尔爆发也未能真正引起大众的响应。专制政权惯常采用的限制措施，例如在农业和公共服务等关键领域禁止工会联盟，严格控制了现状，在一些民主人士看来，这只不过是哈布斯堡王朝把权力从维也纳转移到了布达佩斯。官方历史学家似乎主张回归封建主义,这些反动势力毫不留情地贬低巴托克和科达伊的作品。批评家兼作曲家埃米尔·哈拉斯提(Emil Haraszti)就是这样一位学者,他尤其激怒了巴托克。哈拉斯提嘲笑科达伊是"忠实的民间传说和艺术原始主义的信奉者",同时称赞这位吉卜赛音乐家"在世界上任何地方都找不到像他这样的艺术家"。

1930年,罗马尼亚民俗学家奥克塔文·波伊(Octavian Beu)准备制作一档关于巴托克的广播节目,并把他的文案提交给作曲家以获批准。巴托克的回答被多次引用,这是理所当然的,因为其中包含了巴托克对自我评估的严肃而有价值的尝试,以及对哈拉斯提的一些有趣的旁敲侧击:

> 我必须告诉你,哈拉斯提是一个愚蠢的人,而且是一个恶毒的人,他对音乐的理解和一只母鸡对ABC的理解差不多。

在这份极具启示意义的资料里，巴托克想方设法地阐明匈牙利、罗马尼亚和斯洛伐克民间音乐在他自己作品中的相对重要性，同时展现了深刻的人道主义关怀，这就与早先狭隘的民族主义道路相去甚远，而他在30年前是从这条道路起步的。

> 我的创作产生于三个来源（匈牙利、罗马尼亚、斯洛伐克），因此可能被认为是今天匈牙利如此强调的一体化概念的体现。当然，我写这篇文章不是为了让你拿去发表的，你要特别小心，因为这样的想法不适合罗马尼亚的报刊。我只是把它作为一种可能的观点提一下，这是我在大约10年前想到的，当时我受到了各方最猛烈的抨击。然而，我自己的想法——自从我认为自己是一名作曲家以来，我就充分意识到这一点——是人民之间的兄弟情谊，尽管有战争和冲突，但仍是兄弟情谊。我试着尽我最大的能力，在我的音乐中运用这个理念。因此，我不拒绝任何影响，无论是斯洛伐克的、罗马尼亚

的、阿拉伯的，还是任何其他来源。但来源必须是干净的、新鲜的和健康的！由于地理位置，离我最近的是匈牙利的来源，因此匈牙利的影响是最大的。我的风格尽管有各种各样的源头，但是它是否具有匈牙利特色（这就是重点），要由别人来评判，而不是由我来评判。就我个人而言，我当然觉得是这样。因为风格和环境必须以某种方式相互协调。

巴托克过分挑剔的态度有时可能会起到阻碍作用。1931年1月，就在他50岁生日前不久，他收到塔马西乌（Tamasiu）先生的一封信，信中邀请他出席在他的出生地纳吉森特米克洛斯（现属罗马尼亚）举办的纪念碑揭幕仪式。巴托克冷冷地回答说，他不喜欢举行仪式，也不喜欢像这样"从别人身上榨取钱财"的项目。在得到保证说成本很低，而且已经筹到了钱之后，巴托克作出些许让步，但附加了一个条件，那就是纪念碑既要刻匈牙利文，也要刻罗马尼亚文。彼时，匈牙利和邻国关系恶化，这意味着巴托克在捷克斯洛伐克和罗马尼亚的朋友们不得不努力保护他免受本国民族主义派系的攻击。无论如何，纪念碑的计划中途流产，直到1951年才树立起一个像样的纪念碑。

在巴托克的生活中，对公众赞誉的渴望从来都不是激励他的动力；而此时，他对布达佩斯的政治和文化状况已不再抱有幻想，实际上他再次从布达佩斯的公众视野中消失了。他所有的主要作品都是在国外首演的，在6年的时间里，他只是偶尔在首都以钢琴家的身份出现，而且只演奏其他作曲家的作品，或者和老朋友重新合作，比如多赫南伊或者伊姆瑞·沃尔鲍尔。巴托克计划恢复舞台作品的上演。而在海外流亡的巴拉兹放弃收取他的版税和公共账单的权利，希望这可能会减少他们遇到的阻力，但没有起到任何作用。而试图把《神奇的满大人》再次搬上舞台的尝试，最终也遭遇了类似的厄运。

法国政府颁给巴托克"荣誉骑士勋章"，以此来纪念他的50岁生日。匈牙利当局为了与之相匹敌,授予了他科尔温花冠。巴托克并没有出席仪式,阿拉达尔·托特在《佩斯蒂·纳普洛》(*Pesti Naplo*)杂志上发表了感人的文章,很可能准确地猜到了巴托克的感受:

当我们不慌不忙地接受一位艺术家提供的礼物时,我们就不应该急于送他礼物,我们不应该打扰一位艺术家的隐私。我们没有权利为一位艺术家感到骄傲,虽然他出生在我们中间、为我们而活,但我们并不能就这样

1931年3月25日,巴托克50岁生日时与妹妹的合影

认为他是我们中的一员。在匈牙利为巴托克举行庆典的时机还不成熟。首先我们必须为这个天才做些工作,然后我们才能尊敬他。

事实上,巴托克的抑郁情绪不断加重。无论往哪里看,他所看到的都是那邪恶的力量对普通人日常生活的毒害。他是第一批坚决反对纳粹主义的人士之一,从1933年起,他再也没有在德国演出过。同样,弗朗哥(Franco)在西班牙内战中的胜利也标志着巴托克与西班牙的关系的结束,他在这个国家的巡回音乐会已经成为他的美好回忆。因此,他转而加强了与英国、比利时、法国、荷兰及瑞士的联系,但从那时起,他对欧洲的未来就不抱什么希望了。

令后世高兴的是,他对创作的热情丝毫未减。1932年,巴托克和迪塔带着他们年幼的儿子彼得搬进萨兰乌(Csalan-ut)一处舒适的房子,这里是他们在匈牙利的最后一个住所,巴托克能够在二楼的工作室里静心创作。也就是在这里，一系列的主要作品诞生了。这一波创作热潮开始于两年前，那时他已经开始为两个独奏家、大合唱团以及管弦乐团创作《世俗康塔塔》（*Cantata Profana*）了。其中歌词部分改编自一首罗马尼亚民谣，表达了他对人类美好未来的憧憬和希望。我们有充分的理由相信，巴托克打算创作一套康塔塔三联曲，另外两部将以匈牙利和斯洛伐克的民间传说为基础，从而表达他在给奥克塔文·波伊的信中所描述的那种"四海一家"的理想。然而这个想法没有开花结果，因此，《世俗康塔塔》在巴托克的全部作品中显得十分独特。虽然它的民谣叙事风格与《蓝胡子公爵的城堡》有一定的相似之处，自然意象与《木刻王子》也有一定的呼应，但它的整体风格同这两首曲子都不相像，它所使用的力量也不同于巴托克的其他任何作品。这部康塔塔充斥着巴托克最朴实的旋律、浓郁的木质色彩和异乎寻常的对位手法（科达伊说巴托克当时正在研究帕莱斯特里那[Palestrina]的合唱风格）。这首歌谣讲的是一位老人和他的9个儿子去野外打猎的故事。他们来到一座神秘的桥边，儿子们一过桥就都变成了雄鹿。老人恳求他们变回来，但他们选择保持这样的状态，与自然融为一体。这首曲子表达的信息是明白无误的：如果人类想要找到回归纯粹生活的方式，就必须作出牺牲。用巴托克的话来说，就是"只喝清泉之水"。

巴托克随后又创作了绚丽精妙的《第二钢琴协奏曲》(*Second Piano Concerto*)。它最能展现独奏者的技艺与水准，因为巴托克本身就是钢琴大师。巴托克把自己掌握的方方面面的技艺全都展现出来，对各种各样对位技法的运用轻松自如、游刃有余。体现了明澈、清亮的"巴洛克"风格的第一乐章，带有嗡嗡作响的"夜曲"间奏曲的、幽静深情的慢板乐章，以及粗野雄壮的终乐章，都让人陶醉其中，不能自拔。在钢琴协奏曲中它绝对称得上伟大，巴托克也曾谈到它"轻快""雅俗共赏"的特点。这首钢琴协奏曲在法兰克福的首演也是

巴托克为《第二钢琴协奏曲》作的速写笔记

巴托克在德国的最后一次亮相。他从布达佩斯的舞台上退出后,再没有人能说服他重返舞台,即使是为这首伟大的钢琴协奏曲也不行。因此这首协奏曲在匈牙利的首演交由拉约什·肯特纳（Lajos Kentner）负责。

1930年至1935年间，巴托克创作了大量的声乐作品，除了康塔塔之外，应被提及的还有钢琴伴奏的《二十首匈牙利民歌》，以及为合唱团创作的《四首匈牙利民歌》（*Four Hungarian Folk Songs*）和《六首塞凯伊歌曲》（*Six Székely Songs*）。在这段时间里，年轻的音乐家们还受益于巴托克为小提琴创作的《四十四首二重奏》（*44 Duos*），以及写给学校合唱团的8卷本曲集（包括了管弦乐团伴奏版和无管弦乐团伴奏版）。

最后，由于受到伊丽莎白·斯普拉格·柯立芝基金会（Elizabeth Sprague Coolidge Foundation）的委托，一系列伟大的弦乐四重奏得以诞生。而且，《第五弦乐四重奏》（*Fifth Quartet*）延续了第四部确立的五乐章格式。1934年夏末的整整一个月中，巴托克在炎热的环境中完成了创作。次年4月，科利施四重奏乐团（Kolisch Quartet）承担了此曲在华盛顿举行的首演。

一个意想不到的护佑从天而降，减轻了这位年迈作曲家的重担。1934年9月,音乐学院免除了巴托克的教学任务,匈牙利科学院(Hungarian Academy of Sciences)提供了一个他期待已久的研究职位。1935年5月,巴托克正式成为该院的一名成员。

第九章

纷乱与扰攘

正在转写民间音乐录音的巴托克

巴托克日常工作的这种改变并没有减少他的工作量。自1913年起，他就一直在争取一个由官方赞助的匈牙利民歌合集，并经常批评政府的不作为让邻国抢先出版他们自己的民歌合集。巴托克有大量的工作要做，尽管他的梦想直到他去世后才实现（1951年匈牙利科学院出版了民谣系列丛书的第一本），但其中大部分的原始材料都是巴托克不懈努力的结果。他总共整理和分类了13000首匈牙利乐曲，此外，他还对其他国家的民间音乐进行了研究。然而，随着东欧的民族主义甚嚣尘上以及整个事态的日益恶化，越来越多不可避免但又令人愤怒的障碍需要克服。巴托克虽然不能忽视这一问题，但他设法对一切政治问题置若罔闻，他在给克罗地亚民俗学家温柯·茨格涅克（Vinko Zganec）的信中明确表示

了他的态度:

请相信我,在我的研究中,我从来没有,也永远不会受到任何沙文主义偏见的影响。我唯一的目标是寻求真理,并以尽可能公正的态度进行我的探索。我可以列举在我的这本小册子(他的广播谈话)中的陈述,这就是最清晰的证明。大约有38%的匈牙利音乐材料来自外国,主要是来自斯洛伐克。而只有20%的斯洛伐克的素材是源自匈牙利(当然,这一切的数据是以目前为止收集到的材料为基础,今后的采集可能会改变这种状况)。

当南斯拉夫海关将这本被标为"违禁材料"的小册子归还给巴托克时,他确切地认识到政治阻挠的现实,其中括号内的附文注解表明了他的科学目标的难以捉摸性。而且巴托克不得不一次又一次地修改他的结论,因为他对保加利亚、斯洛伐克、鲁塞尼亚、克罗地亚、塞尔维亚和其他来源材料的研究中出现了新的可能性和相互关系。对这一问题的一些理解可以从他1934年的一篇重要论文《匈牙利及其邻国的民间音乐》（"The Folk Music of Hungary and the Neighbouring Peoples"）中收集。1932年，他前往开罗参加阿拉伯音乐会议，1936年又前往土耳其，在这两场访问中收集到的素材使情况进一步复杂化。有时，他倾向于相信世界上所有的民间音乐最终都会追溯到少数几个简单的音阶。

一些音乐家，特别是斯特拉文斯基，对巴托克这样的天才作曲家竟把如此多的时间和精力花费在民间音乐

阿拉伯音乐会议。左边的两人是欣德米特和他的妻子

上表示遗憾。但是事实上，作曲家身份的巴托克和民俗学家身份的巴托克紧密交织在一起，而且二者是相互依存的。他自己的观点在另外两篇文章，即1936年的《我们为什么以及如何收集民间音乐？》("Why and How Do We Collect Folk Music?")以及1931年的《农民音乐对现代音乐的影响》("The Influence of Peasant Music on Modern Music")中得到了有力的表达。后一篇文章简明扼要地指出了巴托克自己的立场，虽然这个标题的概括性在用于其他作曲家时引起了一些诡辩。

20世纪初是现代音乐史上的一个转折点。

浪漫主义者的放浪不羁开始让许多人无法忍受。许多作曲家都有这样的感受："这条路不会把我们带到任何地方。唯有彻底脱离19世纪，除此之外，别无他法。"

一种当时还不为人知的乡村音乐为这种变化（或者更确切地说，是复兴）提供了难能可贵的推动力……这是音乐复兴的理想起点，一个寻找新途径的作曲家所能找到的最好的导师。对于一个作曲家来说，从他对乡村音乐的研究中获得最大收益的方法是什么？就是彻底地吸收农民音乐的音调，以至于可以把它忘得一干二净，进而当作自己的母语一般融会贯通。

从他发现这条路径的最初日子起，巴托克就从未怀疑过它的有效性。对他来说，这既是他创造性天才的炼金术，也是一种本身就很吸引人的事业，他从不吝惜为此付出大把的时间。巴托克给其他国家的同事写信，煞费苦心地记录下相关的科学数据，并将其与自己的素材相结合。

不可避免的是，他时不时地会遭到沙文主义者的批评，但他通常会接受这种批评，认为这是他的作品令人不快的伴生物。然而，让他感到痛苦的是，他刚在罗马尼亚受到一阵追捧与奉承，转眼间就又成为罗马尼亚仇外者攻击的对象。一些不知道姓名的诽谤者发起了对巴托克的攻击（诋毁似乎是从布拉索的一个银行经理开始的），导致巴托克在一段时间内不能进入罗马尼亚。但通过1937年的发生的事件，我们就能窥探到整个事情的荒谬性。克卢日（Cluj）大学的老师科里奥兰·佩特拉努（Coriolan Petranu）指责巴托克为了"匈牙利修正主义"的利益扭曲手中的素材。巴托克忍无可忍，发表了言辞尖锐的反驳文章，一一驳回了佩特拉努的指控。从以下这段评论就能看出巴托克的揶揄和鄙夷：

我们必须承认，这些语句可以润色100年前写的任何一部小说；然而，尽管我们很愿意从中发现任何科学价值，但这对我们来说简直是痴心妄想。

这次激烈的交锋到底是为了什么？早在1915年，巴托克就因为其文章《罗马尼亚民间音乐中的胡尼奥德方言》，被指控为反匈牙利主义，受到他自己同胞的抨击。

巴托克的同胞们没有轻易放过他。在霍尔蒂政府的

巴托克与游牧民族库玛力人（Kumarli）在野外

统治下，出现了一个有影响力的反动天主教知识分子团体，他们在教育部中势力很大，而下一轮袭击就是从这个团体开始的。在这个团体的追随者看来，官方对巴托克和科达伊的进步主义观点的谴责似乎正在减弱，而且可以肯定的是，当权派媒体正在逐渐地（尽管有些迟了）转向对本国这两位杰出作曲家的承认与认可。科达伊自1919年在"命途多舛"的音乐委员会任职以来，一直积极倡导要从根本上进行教育改革。正是由于他在这一方向上的不倦怠的热情，匈牙利才有了今天充满活力、广受赞誉的音乐教育体系。巴托克虽然在这个领域不太活跃，但他全心全意地支持科达伊的目标，科达伊指挥的儿童合唱表演也让巴托克感到特别欣喜。

我永远不会忘记这种鲜活的印象以及孩子们欢快的声音。这些来自郊区学校的孩子们以一种自然的方式发出他们的声音，这让我想起了农民歌唱时的那种纯洁质朴的声音。

宗教领域的出版社并没有感受到巴托克那样的热情。他们的攻击部分是政治性的，但至少动机同样庸俗。这场攻击始于1937年，当时富有的耶稣会传教士贝拉·班加（Béla Bangha）办的《马扎尔文化报》（*Magyar Kultúra*）发表了一篇没有署名的社论。文章对两位作曲家的作品得到官方越来越多的支持表示遗憾，并认为这种进步主义的"胡言乱语"，就像奥第的诗歌一样，描绘了一种"阴郁且极具毁灭力量的灵魂",这样的作品应该仅限于成年人观赏。它在学校和青年唱诗班中受到官方鼓励,只能污染年轻人的思想。作者认为,在教堂里演奏这样的音乐,简直是亵渎神明(科达伊那首令人兴奋的经文歌曲《耶稣和商人》["Jesus and the Traders"]引起了相当大的轰动)。

进步的知识分子开始提笔反驳,一场激烈的笔战随之展开。这完全是一种小题大做,巴托克在这种情况下是不可能被卷入其中的。

当一个人出现在公众视野中时,任何关于他的事都可以说出来……我的音乐有什么破坏性?甚至这篇文章的作者也说不出来。我不知道他们在抱怨什么,所以我无法试图改进我的作品。我认为整个事情都不值得我的注意。

然而,这一事件所激起的强烈的情绪确实表明,在巴托克的整个职业生涯中,保守美学在有影响力的圈子里都占据着主导地位。奇斯法勒第协会(Kisfaludy

Society）在1936年决定授予巴托克著名的格雷戈斯奖章（Greguss Medal），就已经提供了明证。这显然是一种反讽的恭维，因为该协会明确表示，这一奖项无关过去10年里巴托克的任何一部国际知名的杰作，而是颁发给他在1905年创作的不成熟、但相对和谐悦耳的《第一组曲》。巴托克于是愤怒地拒绝了这一奖项，他写给奇斯法勒第协会的拒绝信有必要在这里全文刊载。

绅士们：

我在今天的报纸上读到奇斯法勒第协会今年授予我格雷戈斯奖章，以表彰我的《第一组曲》。我想补充以下意见：

1. 关于这首曲子的首演，该协会的描述是错误的：首演不是在1929年11月完成的，感谢上帝，而是在1909年由耶诺·胡贝指挥完成的，后来又在1920年11月29日由安塔尔·弗莱舍（Antal Fleischer）指挥演出。我说"感谢上帝"，是因为如果在匈牙利，一部1905年创作的作品要等到24年之后才进行首演,而且表现得如此出色,以至于它配得上格雷戈斯奖章,那就太奇怪了。

2. 即使这种描述是真实的,这个奖项也会有一些不妥之处。我非常喜欢我的这首曲子,对于一个24岁的年轻人来说,这确实是一项杰出的成就。但在1929年至1934年期间,匈牙利出现了更好、更成熟的作品,例如《纺纱房》(*The Spinning Room*)或《加兰塔舞曲》(*Dances of Galanta*)(均由科达伊创作)。

3. 尽管我不请自来,但我在这里还是要友好地提出建议:在这件事上,你们亟需再任命一位顾问。如果一个人因为外在的年代顺序问题,而不能决断到底将哪些作品列入考虑范畴,那么他又怎么能判断一首曲子的价值呢?

4. 最后,我谨声明,无论是现在还是将来,无论是余生还是死后,我都不愿接受格雷戈斯奖章。

幸运的是,我们还不能单从巴托克这个持续恶化的

巴托克与伊姆瑞·沃尔鲍尔一道参加演奏会

论战故事中，就推断出他在匈牙利的最后几年里各方面所取得的成就都受到阻碍。1936年，他在匈牙利科学院以论文《一些李斯特问题》发表就职演说，他一直以来都对这个话题很感兴趣。1936年是李斯特的钢琴和管弦乐队曲《死之舞》（*Totentanz*）创作的百年纪念。而巴托克也以钢琴独奏的方式，为李斯特的这首曲子庆祝，人们在多年之后仍将其传为美谈。此外，他的反对者发现官方对他音乐的支持也在与日俱增,这一觉察确实持之有故。1935年,《木刻王子》终于再次出现在歌剧院的舞台上,受到了热烈的欢迎。一个月后,他最新创作的大合唱《世俗康塔塔》终于在布达佩斯公演,尽管这距离英国广播公司在伦敦的首演已有两年多的时间了。巴托克觉得自己受到了足够的鼓励,因此重新进入这座城市的音乐生活中。1938年,在欧内斯特·安塞梅(Ernest Ansermet)的指挥下,首都的观众们终于能够聆听这位作曲家自己演奏的《第二钢琴协奏曲》了。

1926年,巴托克开始编纂名为《小宇宙》(*Mikrokosmos*)的钢琴作品集,其中包含了153首极具启发性的钢琴曲。曲子的难度逐步增加,涵盖了从第一集的基本手指练习直到第六集难度较高的音乐会演奏曲。这个集子的编纂从头到尾花费了巴托克14年的时间。忽视其中最简单的曲子只有那些目光短浅的学生才干得出来,因为这些曲子对他们的意义远远超过教学上的价值。这部作品集是了解作曲家创作世界的一把钥

巴托克在弹奏李斯特的《死之舞》，这是他在匈牙利举办的最后一场音乐会，由多赫南伊担任指挥

匙，几乎他音乐的每一个方面都体现在这里，并精简成最基本的要素，因此也为年轻的钢琴家提供了一个进入现代音乐世界大门的宝贵机会。年幼的彼得·巴托克（Péter Bartók）参与证明了这部不同寻常的杰作，正如他的父亲所承认的那样：

1933年，我的小儿子彼得央求我们教他弹钢琴。我想了很长时间，最后，以极大的勇气，开始着手一项对我来说非同寻常的任务。除了声乐和技术练习，给孩子的唯一音乐是就是出自这部《小宇宙》。我希望这对他有好处，但我必须承认，我也从这次实验中学到了很多东西……

巴托克与二儿子彼得。彼得是第一个学习《小宇宙》钢琴曲的"小钢琴家"（匈牙利人民共和国大使馆提供）

此时，巴托克已经进入了所谓的"古典"时期。当然，他也更加胸有成竹，创作起来层次分明、流畅自如，俨然一派古典大师风范（他以闪电般的速度完成

《第五弦乐四重奏》便是明证），虽然他形式上的程序从来没有僵化——他总是改变和适应复杂的结构与风格——然而结构与风格上的实验早已完成。实际上，他在20世纪30年代创作的每一小节的乐曲，都可以被马上鉴定为典型的巴托克风格，而且各种影响都被彻底地吸收、综合在一起，从而形成了一个统一的风格。

巴托克为巴塞尔创作的三部伟大作品，《为弦乐、打击乐与钢片琴写的音乐》《双钢琴与打击乐奏鸣曲》和《嬉游曲》在形式和内容上是统一的，真正称得上是经典之作。此外，在《第五弦乐四重奏》中迸发出来的飘逸流畅的灵感也被保留下来。巴托克在保罗·萨克位于萨嫩（Saanen）的小木屋中度过了4个星期的"假期"，而《嬉游曲》和《第六弦乐四重奏》（*Sixth Quartet*，这是为他的朋友佐尔坦·塞凯伊的新匈牙利四重奏而创作的）几乎完全是在这里被创作出来的。他对大儿子贝拉颇为满意地说："这些任务使我的处境与那些老作曲家并无二致。"

如果这个世界上有自然的正义的话，那么巴托克在艺术抗争上的决心与和解似乎预示着一个平和而富有成果的晚年。然而在这个时候，阿道夫·希特勒（Adolf Hitler）粉碎了许多人的希望和抱负。

正如我们所看到的，纳粹主义的兴起从一开始就给巴托克带来了严重的焦虑。就像一个快要掉下来的烂苹果一般，纳粹的教义扩张至匈牙利的时机也已经成熟。纳粹领导人的指导原则是利己主义和机会主义。巴托克是第一个抱怨将犹太人从公共职位排斥出去的人之一，而在冈博斯将军担任首相期间，反犹太主义者们的侵犯行径变本加厉。冈博斯一方面甚为夸耀他与犹太实业家保持的友好关系，同时又与戈林（Goering）在1935年签署了一份秘密协定，使得匈牙利在两年内变成"纳粹国家"。冈博斯死后的1936年，腐败现象仍旧不可遏制，继任的首相们争相逢迎第三帝国，唯恐落后。他们的奉承换来了觊觎已久的捷克斯洛伐克的一块争议性领土，这被匈牙利人民看作民族独立的象征。巴托克闷闷不乐地说道:"你无法想象这在多大程度上助长了他(希特勒)的拥护者在这个国家的嚣张气焰。"

如果不是因为它的邪恶和残酷,这种阿谀奉承的行为有时会显得颇有闹剧的成分,比如被保罗·伊格诺图斯尖刻嘲讽的贝拉·伊姆瑞第(Béla Imredy)在首相职业生涯中的这件轶事:

1938年圣诞节前夕,为了支持他颁布的第二部反犹太法,他以一种极端残忍的方式宣称"一滴犹太人的血"足以污染一个人的性格和爱国精神。他刚一宣称,就发现自己的血液中不只有一滴犹太人的血,因为他的德裔波希米亚祖系中有一位曾祖母就是犹太人。在摄政王(霍尔蒂)的一次召见中,当相关文件戏剧性地出示在他面前时,他当即就晕倒了。

对于像巴托克这样的人道主义者,以及成千上万为了逃避在所难逃的厄运,前往欧洲和美洲自由国家的犹太人来说,这样的处境一点也不幽默。

到了这个阶段,公开的反对无异于自取灭亡,因此巴托克不得不采取一些计策。一段时间以来,他一直拒绝在意大利或德国演出,但他不得不编造一个合同方面的借口,以阻止这些国家通过其国家网络转播匈牙利的广播。

他又一次产生了移民的想法,但一想到要在58岁的时候再次从事教学工作,在异国他乡闯荡,他就感到非常痛苦,甚至"一想到这种事情就几乎无法忍受"。

巴托克,1938年于布鲁塞尔

而他暂时不必去想这件事,因为他很快就决定,在他年迈体衰的母亲晚年时抛弃她是不可能的。1938年4月,在希特勒接管奥地利之后不久,他给马勒-威德曼夫人(已经成为与巴托克常有书信往来的知己密友)写了一封感人至深的信,表达了自己在精神和心灵上的痛苦:

> 我认为,对于这场灾难我无须赘述,你已经非常简洁而有说服力地把主要问题说清楚了。这正是我们的感受。有一件事我想补充,因为这在此刻——至少对我们来说——是最可怕的前景,那就是匈牙利必定会向这个盗贼和杀人犯建立的政权投降,这是近在眼前的危险,唯一的问题是何时投降、如何投降……不幸的是,在匈牙利,几乎所有受过"教育"的基督徒都是纳粹政权的追随者,我为自己来自这个阶层而感到羞愧。

还有其他一些实际问题需要考虑。在德国吞并奥地利之后,巴托克不得不马上考虑他与奥地利的关系问

巴托克与已年过80的母亲。母亲的年岁和状态使巴托克不得不推迟出国的计划

题。他和科达伊都是表演权利协会（Performing Rights Society）奥地利分会的成员，他的出版商环球出版公司也在维也纳。几周内，德国斯塔格马（STAGMA）组织接管了表演权利协会。在德国当局的要求下，他和科达伊要完成一份调查问卷，以确立他们雅利安人的身份。两人都愤然拒绝了，巴托克声称这份文件违反了表

演权利协会的章程,并以此"非法文件"为由将自己的会员资格转移到伦敦分会。他还与伦敦的布西与霍克斯(Boosey and Hawkes)公司达成了一项紧急协议。当时的布西与霍克斯公司正在寻找当代音乐作品,于是便接管了巴托克作品的出版事宜。

巴托克手稿的安全问题也需要考虑。他开始偷偷地把这些原始手稿寄给他在瑞士的朋友们,但随着情况进一步恶化,就连这种应急之策似乎也存在一定的风险,所以他再次写信给马勒-威德曼夫人:

> 我想请你把我的手稿寄给我的出版商:伦敦摄政街295号,布西与霍克斯公司……毕竟,伦敦离这邪恶之地更远些。

生活总是紧张而忙碌的。他写道:"我在布达佩斯的时候有太多的事情要做,有太多的安排,简直多到无法形容。"不过,他还是得挤出时间去国外"赚点小钱"。在他承受着那么多压力的情况下,很难想象他是如何挤出时间来安心创作的。我们必须假设，他是按照自己的建议行事的。巴托克的美国学生威廉明尼·克里尔（Wilhelmine Creel）曾写给他一封沮丧的信，他在回信中便给出了这样的建议：

作为一名音乐家，你应该通过全身心地投入到艺术当中来克服你所遇到的困难。

在这种纷乱扰攘的事务和日益增长的忧虑中，巴托克创作出两首新作品，它们是伟大艺术家超越和战胜外部环境的杰出例证。热情洋溢的《小提琴协奏曲》（*Violin Concerto*）是为他的朋友佐尔坦·塞凯伊创作的，几乎从诞生之日起就与贝多芬以及勃拉姆斯的小提琴协奏曲齐名，成为最伟大的经典作品之一。随后伟大的爵士单簧管演奏家本尼·古德曼（Benny Goodman）在西盖蒂的鼓动下，委托巴托克为小提琴、单簧管和钢琴创作了一首风格轻快的《对比三重奏》（*Contrasts*），其中充满了夸张的入伍欢送曲的节奏，以及对这两种旋律乐器的大胆处理(钢琴在这里扮演着陪衬角色,让人意想不到)。1940年4月,当巴托克再次访问美国时,这三位艺术家一起为哥伦比亚公司录制了这首作品。

在这次访问之前,发生了一件深深地影响了巴托克的事情,同时也使他的计划再次陷入混乱。1939年12月,葆拉·巴托克去世,享年82岁。在儿子走向伟大的道路上,母亲默默付出、居功至伟。巴托克深切地感到

巴托克、西盖蒂以及古德曼录制《对比三重奏》

他亏欠了母亲，而他所亏欠的远不只是一般意义上子女的尽孝义务。他不可避免地感到一阵悔恨和痛苦，因为他也许忽略了一些责任，而这本来可以使母亲的晚年生活过得更好一些。与此同时，他也知道，把他和祖国联系在一起的最后一条纽带已经断了。他怀着沉重的心情动身前往美国，但也下定决心为新的生活铺设道路。

当他在次年5月底回到布达佩斯的时候，官方报刊的说法是，巴托克又安排了一次美国之旅，10月份就将动身。但他的朋友们都毫不怀疑他会就此一走了之，也许是再也不回来了。10月8日的那场钢琴音乐会也许就是一个告别。迪塔那一段时间正和丈夫巴托克一起演奏双钢琴作品，她在当天音乐会上也表演了莫扎特《F大调钢琴协奏曲》的独奏。"她演奏得很好"，巴托克写道。当晚，巴托克以巴赫的《A大调协奏曲》开场，随后，夫妇两人还在亚诺什·费伦茨克（Janós Ferencsik）的指导下，联手演奏了莫扎特的《降E大调双钢琴协奏曲》。

据一份报纸报道,当时场下的听众包括"我们文化生活的主要人物",他们对演奏都表示了热烈欢迎,这一定大大缓解了巴托克在4天前感受到的痛苦,于是他在遗嘱中加上以下内容:

……只要匈牙利还有以这两个人(希特勒和墨索里尼[Mussolini])命名的广场或街道,这个国家的任何广场、街道或公共建筑就不能以我的名字命名,而且,任何公共场所内不得放置我的纪念匾。

1940年10月8日,巴托克在布达佩斯举行告别音乐会

为了确保这次旅行的准备工作能够按时完成,他们不得不缩短慷慨激昂的道别。几天后,这对夫妇踏上了充满危险的旅程,穿越饱受战争蹂躏的欧洲,抵达里斯本。10月20日,他们就从里斯本起航。

他们悲伤的感受是显而易见的,他们在日内瓦写给马勒-威德曼夫人的信中,悲恸地记录下他们当时的心情,这是巴托克最后一封从欧洲寄出的信。

说再见真的很难,真的很难。这也许是最后一次去欣赏这个奇妙的国家,你的国家。一个疑惑一直留在心头,我们所有在这里的朋友会迎接怎样的未来呢?

斯蒂菲·盖耶夫人昨天下午来了,一直陪着我们,直到今天晚上才离开。她帮助我们打点行李,为我们送行。这次旅行,真像是从一个无法忍受但熟悉的世界逃脱,又进入一个未知的世界。要是我的健康状况能令人满意就好了,我是说我的关节炎还尚未痊愈。天知道我能在那里工作多久,怎样工作。但我们别无选择,这根本就是一个不值一提的问题,因为我们必须这样做。①

我向你和你的家人表示感谢,感谢你们给予我的爱、友谊以及一切帮助,我们祝愿你们未来一切顺利。

---

① 在这封信的德文原稿中,有这样几个词:"muss es sein; denn es muss sein"。这是贝多芬《弦乐四重奏》作品135的最后一个乐章中,两个开头主导乐句上题写着的词。

客死他乡

当巴托克夫妇10月30日登上纽约的海岸时，已有不祥的预兆出现。他们的大部分行李在西班牙就被海关当局扣留了很长时间。因为担心会错过到里斯本的中转，他们不得不放弃行李。而他们一上岸，马上就得准备4天之后的第一场音乐会，所以几乎刚一抵达就得赶紧出去置办晚礼服。

在最初的几个月里，他们从音乐会演出中获得了一笔可观的收入，但这本身也使得抽时间来处理所有生活所需变得更加困难。12月初，他们从旅馆搬到了森林山（Forest Hills）的一套公寓里，与此同时，他们尽了最大的努力来处理困扰他们的无数问题。与欧洲通信联系是缓慢而不可靠的，但事关巴托克在国内的家庭，因此他必须花费很多时间来询问他在匈牙利的养老金，他的

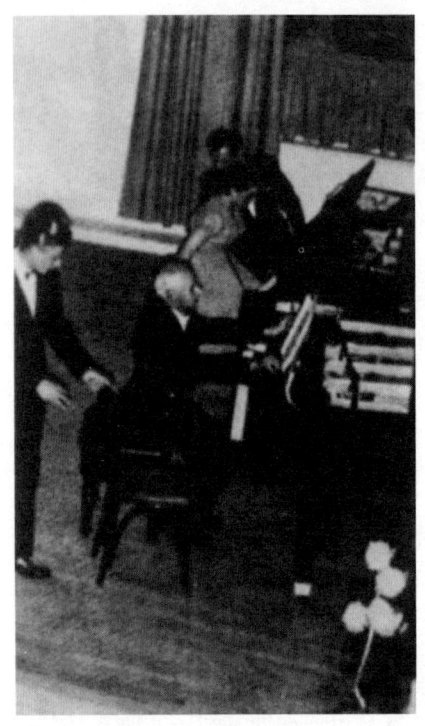

巴托克在纽约市政厅举行的一场双钢琴音乐会

护照、货币、版税等问题,当然更为紧迫的是打听行李的下落。此外,他们还必须遵守美国的移民规定,立即向当地邮局报告,留下他们的指纹等信息。

众所周知,巴托克在美国度过的晚年并不快乐,他的失望和幻灭感可能从一开始就已经存在了。虽然他从来没有表现出任何自尊心受到伤害的迹象，但对于自己的到来没有得到太多关注这件事，巴托克一定非常难过。在这种时候，他也知道欧洲数百万难民涌入美国，那么期望他的个人牺牲和反纳粹主义会引起众人的认可甚至钦佩将是不切实际的。但是，无论他知道与否，前一波的移民作曲家（比如勋伯格、斯特拉文斯基和欣德米特等人）确实引起了民众极大的关注。事实上，这对夫妇感到相当地困惑和迷茫，并对为数不多的几个特意欢迎他们的朋友深表感激。这些朋友大多是匈牙利移民，以及巴托克之前的学生，像威廉明尼·克里尔和多萝西·帕丽什（Dorothy Parrish）等人。

巴托克获得了哥伦比亚大学的研究职位，这就如同在地平线上出现的一道曙光。1933年，当时的哈佛大学古典文献学教授米尔曼·帕里（Milman Parry）动身前往南斯拉夫，寻找与《荷马史诗》有关的民族音乐素材。在他1935年去世时，其所收集的素材，包括2000多首塞尔维亚-克罗地亚民歌的录音，存放在哥伦比亚大学。在巴托克的春季旅行期间,他被邀请担任由迪特森基金会(Ditson Foundation)赞助的临时研究员,对这些民谣录音进行整理和分类。即使是这样的安排也将引起失望和沮丧,当时的巴托克没有意识到这项任命并非一份长期可靠的保障,而是取决于所能得到的每年更新的资金支持。不过,就眼前来看,这一前景是还是诱人的,因为作为任命的先决条件,哥伦比亚大学授予了巴托克荣誉博士学位。

巴托克做起这种工作来,简直是游刃有余,但在美国生活的其他方面,他不太容易适应。从微不足道的小事,比如——

人类像牛一样反刍(每两个人中就有一个人在嚼口香糖);昏暗幽闭的火车车厢;支票簿的付账系统。

到更严重的住宿问题,都让巴托克烦恼不已。1941年5月,他们搬到了布朗克斯(Bronx)区一个安静的公寓里,但在此之前:

我们的左邻右舍都在弹钢琴,都在用无线电广播,街上的噪音更是从早到晚一刻不停。每隔5分钟,我们就会听到地铁的隆隆声,连墙壁都在震动。最后,到哥伦比亚要花一个多小时的时间。

至少,帕里选集的研究工作能让他在一天的某一段时间里从烦恼中完全解脱出来,但在其他所有方面,乌云都在迅速聚集。他的妻子迪塔不是那种独立而随遇而安的欧洲移民,她对儿子彼得的挂念更是加剧了她疏离沮丧的感觉。彼得原来计划一毕业就来和家人团聚,他的父亲不得不花费宝贵的时间和精力(更不用说律师费了)办理令人沮丧而又冗长的法律手续,以获得他的入境签证。巴托克本人还得亲自前往加拿大,以更新他的入境许可证,而且还只能以"游客"的身份入境。但最令人担忧的是财务上的问题,随着时间的推移,这种不安全感越来越让人心神不宁。下一季的音乐会安排没有公布,巴托克第一次考虑要回匈牙利了,理由是:

如果世界各地的情况都一样糟糕,人们宁愿待在家里。

如果没有朋友们的不断支持,生活确实会变得难以忍受。在他们人生中这个凄凉的时刻,阿加塔·伊尔莱斯(Ágata Illés)邀请巴托克全家到佛蒙特(Vermont)的海滨别墅消夏。他们是通过老朋友埃尔诺·巴洛格(Ernö Balogh)认识伊尔莱斯的。埃尔诺·巴洛格是巴托克之前在布达佩斯的一位钢琴学生,在一战后就移民美国。伊尔莱斯小姐以笔名阿加莎·法塞特(Agatha Fassett)写了一本名为《天才的真面目》(*The Naked Face of Genius*)的中篇小说,书中介绍的虽然是巴托克晚年在美国遭遇的困境,但她对巴托克的帮助和关心是无法估量的。威廉明尼·克里尔也尽最大努力,为巴托克在西雅图的华盛顿大学谋得一个很好的研究职位,但巴托克更喜欢在哥伦比亚大学继续他的工作,他觉得投身东欧民间音乐的研究,至少保存了与他过往生活的某些联系。

在夏季结束时,他惊讶地发现自己的关节炎更加严重了,以至于几乎不能举起手臂弹钢琴。虽然X射线治疗让巴托克松了一口气,可是在接下来的18个月里病情不断恶化,这次疾病的发作只不过是一个前奏而已。

他们的经济状况越来越糟,1942年3月,巴托克写信给威廉明尼·克里尔:

我所能说的是,自从我自己养活自己以来(也就是从我20岁开始),像这种可能很快就会遭遇的可怕的情况,是从来没有出现过的。

那时美国音乐界的一切情况都对他很不利。由于世界各地都实行严格的货币管制,所以他的作品在欧洲演出所获得的版税无法退汇给他。美国当代音乐的演出也处于低谷。另外,音乐家工会和唱片公司之间的争端,使得唱片业实际上处于停滞状态,因此,从这个来源获取工作机会或进行宣传是没有希望的。

1942年4月,一束曙光穿透了黑暗。彼得·巴托克在经历了将近4个月的危险旅程后,终于欢喜地与父母团聚,这也许巩固了他们留在美国的决心。

两年多来,巴托克的创作灵感似乎已经完全消散了,因为自从他来到美国以后,就再也没有写过哪怕一个音符。尽管他在哥伦比亚大学的研究工作连一半都没有完成,他却听说他不太可能与其续签合同了。不过,在他人生轨迹处于最低谷时,他迈出了恢复实力的第一步。巴托克的另一位忠实老友,指挥家弗里茨·莱纳曾安排他与纽约爱乐乐团(New York Philharmonic)一起演出,巴托克为此创作了一首为双钢琴、打击乐器和管弦乐队所写的协奏曲,实际上是对一首奏鸣曲的重新改编。这并不是他最成功的作品之一,因为一个管弦乐队的加入只是减弱,有时甚至是抵消了原曲音质独特而微妙的平衡。但这也许重新点燃了他创作欲望的火花。遗憾的是,这场音乐会是他最后一次以演奏者的身份公开露面。

PART 10 第十章
客死他乡

　　1943年2月，哈佛大学邀请巴托克作了一系列的讲座，从某种程度上缓解了哥伦比亚大学终止合同所带来的严重财务危机。而在那个时候，他的健康状况在不断恶化，每天晚上体温都会升到100华氏度（约为37.8摄氏度）以上，而他的体重已经降到了87磅（约为39.5千克）。医生们对他的病情也感到一筹莫展，因此无法提出治疗方案。结果，他在哈佛大学的一次演讲中晕倒，被紧急送往医院。惊恐万分的大学当局提出支付所有直接费用。不久之后，埃尔诺·巴洛格联系了美国作曲家

巴托克与弗里茨·莱纳。莱纳是巴托克之前的学生，他在美国竭尽全力支持巴托克的音乐（科维纳提供）

与音乐出版商协会(American Society of Composers and Publishers),后者愿意承担所有进一步治疗的费用。

医院全面检查的最终确诊结果是白血病,但巴托克被告知,他患有一种鲜为人知,但远没有那么令人担忧的疾病——红细胞增多症。

与此同时,他的朋友们此时都聚集在他的周围。这可不是件容易的事,因为巴托克对任何带有慈善意味的事情都有一种顽固的抵触情绪。虽然如此,到1943年底,他们已经解除了巴托克的经济危机,从那时起,他的收入尽管不多,但再也不是主要的焦虑来源了。

为了能使哥伦比亚大学续聘巴托克,让他继续进行对他来说意义重大的研究工作,维克托·巴托尔(Victor Bator)上下打点、尽心尽力,他和西盖蒂共同承担了所需的额外资金。后来巴托尔也成为巴托克财产的托管人,并在纽约创办巴托克档案馆(New York Bartók Archives)。尽管官方机构反应冷淡,但包括尤金·奥曼弟(Eugene Ormandy)和本尼·古德曼在内的个人慷慨捐赠确保了档案馆的建立。哥伦比亚大学音乐系主任道格拉斯·摩尔（Douglas Moore）也从国家艺术与文学机构（National Institute of Arts and Letters）的救济基金中获得了一笔捐款，而这笔钱还需以奖金的名义存入巴托克的银行账户。

最后，塞奇·库谢维茨基（Serge Koussevitzky）欣然接受了西盖蒂的建议，同意从库谢维茨基基金会（Koussevitzky Foundation）分拨款项，委托巴托克创作一部管弦乐作品。该基金会是为了纪念他的妻子纳塔莉（Natalie）——一位富有的茶商继承人——而建立的。库谢维茨基还亲自到医院，向巴托克提出了这个规划。生性多疑的巴托克起初拒绝接受这位自命不凡的指挥家递到他面前的那张1000美元的支票，他抗议说，他不能够承担那些他很可能在一段时间内无法履行的承诺。最终，双方达成妥协，即先支付一半的金额，其余费用在作品创作完成之后再付。

在医生们的悉心照料下，巴托克的病情得到了暂时的缓解。6月底，在美国作曲家与音乐出版商协会的持续帮助下，巴托克前往纽约州萨拉纳克湖（Saranac Lake）的疗养院接受康复治疗。年初那若隐若现的创作火花现在已经熊熊燃烧起来，当他10月回到纽约时，他已经完成了《乐队协奏曲》（*Concerto for Orchestra*）的全部乐谱。这对每个人来说都是一针强心剂。对于朋友和同事们的忠诚和慷慨，他所能回报的，莫过于这五乐章的音乐作品了。"协奏曲"一词在这里带有巴洛克时代的风格，巴托克解释说，他之所以选择"协奏曲"这个词，是因为它"倾向于以协奏或独奏的方式处理单个乐器或乐器组"。他将这五乐章的宏大设计描述为"从第一乐章的严肃可敬和第三乐章的悲凉阴郁，逐步过渡到最后一乐章对生命的肯定"。

这部协奏曲也让库谢维茨基感到十分兴奋，巴托克满心欢喜地写信告诉威廉明尼，库谢维茨基说：

> 这是过去25年来最好的一部管弦乐作品。（包括他

的偶像肖斯塔科维奇［Shostakovich］的作品在内！）

巴托克觉得肖斯塔科维奇的成功与他作为作曲家的价值极不相称。《乐队协奏曲》第四乐章中的《被打断的小夜曲》（"Interrupted Serenade"），是一首令人头晕目眩的匈牙利情歌，它完全被粗哑的铜管声所掩盖（有一种解释甚至将其喻为"一群喧闹的醉汉"）；接

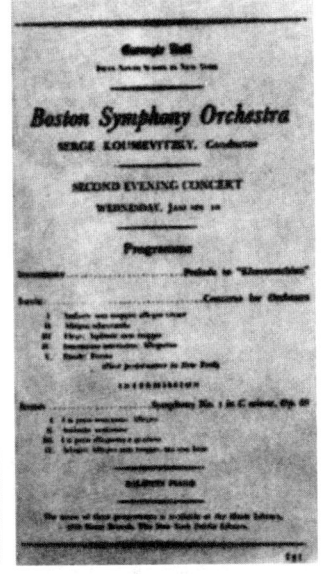

巴托克《乐队协奏曲》首演时的节目单。这首协奏曲是巴托克最受欢迎的管弦乐作品

下来是一段老套的市集音乐，可以听出来是对肖斯塔科维奇《第七交响曲》的戏仿。

巴托克的医生后来对他的活动施加了严格的限制，但他们被他说服，允许他去波士顿参加1944年12月的首演，那时他还可以写下这样的话：

> 在接下来的3年里，基本宽裕的生活还是可以保障的。

从欧洲收取和传送汇寄版税这一方面仍然存在着巨大的困难，但是巴托克的英国出版商代理人拉尔夫·霍克斯（Ralph Hawkes）决定，无论销售和版税收入是否理想，都安排每年预付给巴托克1400美元。

随后，又有一个委托创作的任务适时出现，让巴托克倍感喜悦。耶胡迪·梅纽因（Yehudi Menuhin），那时也安全地度过了他的"神童"时期，并且成功建立起了国际范围内的演奏声誉。梅纽因选择了巴托克的《小提琴协奏曲》进行演奏，他对《小提琴协奏曲》以及

《第一小提琴奏鸣曲》（*1st Violin Sonata*）的演绎让巴托克十分入迷。

他真的是一位伟大的艺术家（巴托克满怀热情地写道）……一个年轻的艺术家对那些不吸引公众的当代作品感兴趣、由衷地喜爱它们，并且毫不做作地进行演奏，是一件多么令人高兴的事啊。

梅纽因对这位疾病缠身的作曲家的支持并不仅仅停留在"喜欢和演奏"他的音乐上。在他们第一次见面后不久，梅纽因就委托巴托克创作一首小提琴独奏奏鸣曲，并在巴托克的作曲过程中，向他提供了许多实用的建议。

为了躲避纽约严寒的冬季，巴托克听从医生的建议，搬到了气候较为温和的北卡罗来纳州的阿什维尔（Asheville）。从各方面来说，这都是一个不错的决定。

> 目前我感觉很好，我没有发烧，体力也已经恢复了，我可以在山林里散步，是的，我开始爬山了（当然是非常谨慎小心地）。3月份我的体重是87磅，现在是105磅（约为47.6千克）。

他不仅完成了梅纽因委托的奏鸣曲，还开始了一项关于罗马尼亚民间音乐的大规模科学研究工作。1967年，在维克托·巴托尔的继任者、纽约巴托克档案馆受托人本杰明·苏霍夫（Benjamin Suchoff）的不懈努力下，这项研究工作最终得以出版。

对可怜的迪塔来说，这是一段艰难的时期。除了作为她丈夫的搭档之外，她并非职业的钢琴家，而他们夫妇二人搭档演奏的日子已经过去了。被迫与巴托克分离本来就让她十分痛苦，而这种痛苦又因彼得应征加入美国海军而加重了不少。在电气工程培训课程结束后，彼得被征召到巴拿马，参与到战事当中。他们已经卖掉了在里弗代尔（Riverdale）的公寓，在巴托克住院期间搬进了伍德罗酒店（Hotel Woodrow）。前景仍然很不明朗，因此他们无法处理永久住所的问题。在朋友们的帮助和鼓励下，迪塔被安置在纽约西区一套两居室的小公寓里，这是他们在纽约的最后一个住所。

随着他们对健康和财富担忧的缓和，他们的思想越来越多地转向欧洲的事务以及他们的国家的命运、亲人在国内的安危等。一些含糊其辞和相互矛盾的报告，让他们更加精神紧绷，痛苦不已。

1944年下半年，他们能够重新建立起有序安稳的日常生活了。他们又在萨拉纳克湖度过了一个夏天，巴托克的健康状况奇迹般地改善，一度稳定下来。1945年2月，巴托克感染了肺炎，但即使是肺炎，新型的特效药青霉素也很快就赶走了疾病。

夏天，他们被邀请到加利福尼亚的阿尔玛（Alma），与梅纽因一家一起度假。但是，在临行的最后一刻，巴托克感到无法进行长途旅行，迪塔当时也感到身体不适。于是他们再次前往萨拉纳克湖，在那里巴托克完成

巴托克生前最后的几张照片之一

了《第三钢琴协奏曲》（*3rd Piano Concerto*）的创作，而他为威廉·普利姆罗斯（William Primrose）创作的《中提琴协奏曲》（*Viola Concerto*）也进入尾声。

8月从部队退伍后，彼得和父母一起在他们的夏季疗养院团聚，但这次愉快的团聚几乎立即变成了灾难。

巴托克的病情迅速恶化，令人担忧。全家人在9月初匆匆赶回纽约。他在家接受了一两个星期的治疗，在那里他继续创作钢琴协奏曲。9月21日，巴托克住进了西区医院，接受了输血、葡萄糖滴注和氧气治疗，但这些绝望的措施只不过将他的生命延长了几天而已。1945年9月26日，巴托克与世长辞。

《第三钢琴协奏曲》是他送给妻子迪塔的临别礼物，除了最后17个小节尚未编曲，这首协奏曲的其他部分皆已完成。而《中提琴协奏曲》，他的朋友蒂波·塞利（Tibor Serly）能够根据钢琴草稿，构建出一个可供演奏的版本。第七弦乐四重奏则只留下未完成的草稿。

当他疲惫的精神和瘦弱的身体饱受疾病的摧残，几近崩溃时，巴托克低声对医生说：

我很抱歉，我的脑子里还满是未写出的灵感，我只能带着它们走了。

PART II

第十一章

尾声

巴托克是个孤独的人，一个名副其实的"孤独者"。在他职业生涯的早期，刚强不屈、正直无邪的性格便已养成，除了少数几个真正亲密的朋友外，巴托克这样的性格赢得更多的是钦佩而不是喜爱。从20世纪20年代初开始，他对自己所具备的作曲家特质就有绝对的信心，他清楚地感觉到自己的时代即将来临。匈牙利学者本斯·绍博西（Bence Szabolcsi）将巴托克与公众的关系和贝多芬的状况相比较。就像贝多芬的作品一样，他的新作品常常招致不理解的怨愤，然后，当这些作品被大家接受时，他更新的作品又被斥责为矜奇立异，赶不上早期的作品。尤其令他难以接受的是，他在美国创作的作品，《乐队协奏曲》和《第三钢琴协奏曲》遭到某些批评家和音乐家的嘲笑竟然是因为他们所谓的"商业主义"。他们说，巴托克已经变得软弱无力，正在迎合美国大众的口味。然而单单是那明锐尖厉的《小提琴独奏奏鸣曲》（Sonata for Solo Violin）就足以让他们从这种观点中省悟。事实上，这些作品简洁、率直和光彩耀目的特质延续了一种趋势，而这种趋势在巴托克离开匈牙利之前就开始在他的作品中表现出来，尤其是在《小提琴协奏曲》和《嬉游曲》中最为明显。将其谴责为廉价的通俗主义纯粹是出于知识分子的势利与偏见。如果我们将巴托克的创作看成一个整体，我们可以看到一个类似于拱门的结构，从《科苏特交响诗》的浪漫华丽到《第三钢琴协奏曲》中自然的、人道的可理解性。拱门的顶峰是巴托克在40岁到50岁期间创作的粗犷尖厉的乐曲，大致涵盖了《神奇的满大人》和《第四弦乐四重奏》等作品。从这个角度看，他在20世纪30年代的"经典"时期所表现出的日益清晰与透彻，自然而然、不可避免地促成了在美国的这最后一个阶段。

巴托克去世后，音乐学家们对他的研究日渐兴盛，在匈牙利尤其如此。然而一年过去了，他们坚持不懈的探索并没有得到什么新的启示。1981年，也就是巴托克诞辰一百周年，匈牙利科学院设立巴托克档案室，作为隶属科学院的一个永久性的部门。同年，巴托克博物馆也在布达佩斯扎朗街（Csalan Street）向公众开放，巴托克一家在1932年至1940年期间就一直住在这里。人们几乎从每一个能想到的角度对他的音乐进行分析，结果有时很令人吃惊。埃尔诺·列特凡（Ernö Lendvai）凭借其卓绝出众的研究——《贝拉·巴托克：他的音乐分析》（*Béla Bartók: An Analysis of his Music*，1971），震惊了学术界。因为他发现巴托克的几部作品非常精确地符合在古希腊和古埃及建筑中观察到的一种现象——黄金分割比例。虽然没有人能够否认这一显而易见的数学现象，但仍有一些著名学者声称这纯属偶然，并不是故意的设计。

像调性轴（Tonal axes）、斐波那契数列、七声音阶、聚合同步（polymetric synchronisation）等专业分析巴托克音乐的词汇,已经远远超出了本传记的写作范围,但感兴趣的读者可以参考《新格罗夫音乐与音乐家辞典》(*The New Grove's Dictionary of Music and Musicians*)中,拉斯罗·松菲(Laszlo Somfai)编撰的有关巴托克的条目。

1930年,德国音乐学家埃德温·冯·德·努尔(Edwin von der Nüll)对巴托克的音乐进行了第一次严肃认真的分析,在这里有必要记录下巴托克对此事的评论:

……尽管确实付出了真诚的努力,但直觉在这些事情上所起的作用要比人们想象的大得多。我所有的音乐以及和声的问题要取决于本能和情感。你问我为什么要这样写一段曲子是没有用的,我只能回答我写下了我的感受。让音乐自己说话,显然,这样的方式足以表明它自己的立场。

直到20世纪20年代末,巴托克的国际声誉才真正确立起来，所以，在接下来的20年里，巴托克并不是决定欧洲20世纪音乐走向的运动中的一个要素。因此，他没有建立过什么"学派"，就像他的私人生活一样，巴托克怀着孤独的理想主义追求自己的音乐事业。然而巴托克，也许是20世纪最伟大的作曲家之一，就如辩护者总

巴托克之墓

是为他们的先锋派英雄预言的那样,深深地走进了音乐会听众的心中。而其他著名的,甚至是伟大的人物更受学者和音乐家的重视,在公众中却没有那么受欢迎。说来奇怪,巴托克绝不妥协、从不让步的学术态度竟然使得缺乏经验的研究者望而却步,专注于地方民歌研究的学者们似乎也有些排斥。然而巴托克赢得了观众们真正的爱戴,那些狭隘的音乐家们却没有走进观众们的心里。这确实可以衡量一个人的伟大,在20世纪上半叶所有公认的音乐大师中,巴托克的演奏具有最普遍的感染力。就像在他之前的巴赫和贝多芬一样,巴托克拥有最珍贵的天赋,能够用率直的方式表达最复杂的思想和感受,而这种率直也向那些善于倾听的人诠释了它本身。

遗憾的是,巴托克的音乐在他死后享受到的那种温暖的反馈,他在有生之年却很少经历。然而,音乐在他的生命中占有很大的比重,在这一点上,他无疑获得了某种稀有的幸福,这种幸福是一般人所无法企及的。在巴托克生命的最后几年，他又一次满怀希望地望向匈牙利："我想回家，永远地留在家乡。"1944年底，苏俄成立了临时的匈牙利国民政府，在他"缺席"的情况下选举他为政府的一员。

现代匈牙利传记作家倾向于将巴托克遭遇的困境归咎于两次世界大战之间控制匈牙利的反动势力。但巴托克在谴责1919年短暂存在的左派议会政府时，也同样严厉：

保护主义和官僚主义空前盛行。议会政府和以前的资产阶级政府一样心胸狭窄。

因此，即使巴托克身体健康，他是否会愉快地在战后由苏联主导的体制内安身立命，仍是很值得怀疑的。他早就决定走自己的路，不做任何自我谴责的事，不做任何妥协，也拒绝任何官场上反复无常的赞许。厄恩斯特·罗思（Ernst Roth）是布西与霍克斯音乐出版公司的高管，他的话或许比任何人都更简明扼要地记录了巴托克的一生：

他生在、长在这样动荡的时代，这是他的不幸。最终，他还是被时代的洪流所淹没。

作品
一览

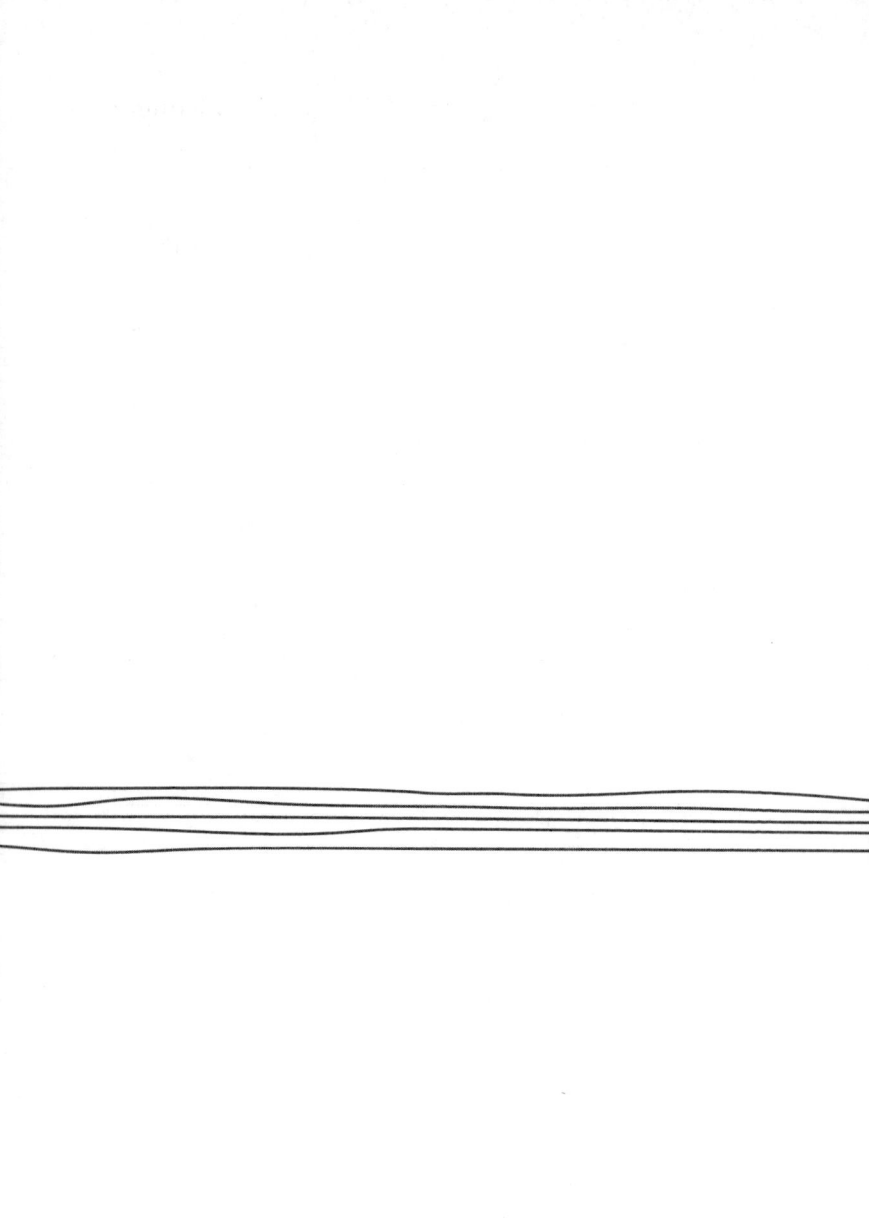

注：巴托克少年时代的作品（即 1900 年前创作的作品）未收入。巴托克的几部作品有不止一个版本（如弦乐改编版、录音版等），这里只列出原始版本。巴托克作品的完整列表，请参见《格罗夫音乐与音乐家辞典》。

舞台剧

1911 年，独幕歌剧《蓝胡子公爵的城堡》（*Duke Bluebeard's Castle*，作品 11）。

1917 年，独幕芭蕾舞剧《木刻王子》（*The Wooden Prince*，作品 13）。

1919 年，独幕哑剧《神奇的满大人》（*The Miraculous Mandarin*，作品 19）。

管弦乐作品（包括协奏曲）

1901 年，《钢琴与管弦乐队第一狂想曲》(*Rhapsody No. 1 for Piano and Orchestra*，作品 1)。

1903 年，《科苏特—大管弦乐交响诗》(*Kossuth — Symphonic Poem for Full Orchestra*)。

1904 年，《钢琴与管弦乐队谐谑曲》(*Scherzo for Piano and Orchestra*，作品 2)。

1905 年，《管弦乐第一组曲》(*Suite No. 1 for Orchestra*，作品 3)。

1905—1907 年，《管弦乐第二组曲》(*Suite No. 2 for Orchestra*，作品 4)。

1908 年，《第一小提琴协奏曲》(*Violin Concerto No.1*)。

1907—1916 年，《管弦乐两幅肖像》(*Two Portraits for Orchestra*)。

1910 年，《管弦乐两幅画》(*Two Pictures for Orchestra*，作品 10)。

1912年,《管弦乐四首》(Four Pieces for Orchestra, 作品12)。

1923年,《管弦乐舞蹈组曲》(Dance Suite for Orchestra)。

1926年,《第一钢琴协奏曲》(Piano Concerto No. 1)。

1928年,《小提琴与管弦乐队第一狂想曲》(Rhapsody No. 1 for Violin and Orchestra)。

1928年,《小提琴与管弦乐队第二狂想曲》(Rhapsody No. 2 for Violin and Orchestra)。

1931年,《第二钢琴协奏曲》(Piano Concerto No. 2)。

1938年,《第二小提琴协奏曲》(Violin Concerto No. 2)。

1939年,《弦乐队嬉游曲》(Divertimento for String Orchestra)。

1943年,《乐队协奏曲》(Concerto for Orchestra)。

1945年,《第三钢琴协奏曲》(Piano Concerto No.3)。

1945年,《中提琴协奏曲》(Viola Concerto,由蒂

波·塞利集成并编曲)。

室内乐

1903年,《小提琴与钢琴奏鸣曲》(*Sonata for Violin and Piano*)。

1904年,《钢琴五重奏》(*Piano Quintet*,未发表)。

1908年,《第一弦乐四重奏》(*String Quartet No. 1*,作品7)。

1917年,《第二弦乐四重奏》(*String Quartet No. 2*,作品17)。

1921年,《第一小提琴与钢琴奏鸣曲》(*Sonata for Violin and Piano No. 1*)。

1922年,《第二小提琴与钢琴奏鸣曲》(*Sonata for Violin and Piano No. 2*)。

1927年,《第三弦乐四重奏》(*String Quartet No. 3*)。

1928年,《第四弦乐四重奏》(*String Quartet No. 4*)。

1931年,《四十四首双小提琴二重奏》(*44 Duos for*

Two Violins）。

1934 年,《第五弦乐四重奏》(String Quartet No. 5)。

1937 年,《双钢琴与打击乐奏鸣曲》(Sonata for Two Pianos and Percussion)。

1938 年,《小提琴、单簧管与钢琴对比三重奏》(Contrasts for Violin, Clarinet and Piano)。

1939 年,《第六弦乐四重奏》(String Quartet No. 6)。

1940 年,《小提琴独奏奏鸣曲》(Sonata for Solo Violin)。

钢琴曲

1900 年,《主题变奏曲》(Variations on a Theme)。

1903 年,《四首钢琴曲》(4 Pieces):

1.《左手练习曲》(Etude for the Left Hand);

2.《第一幻想曲》(Fantasy I);

3.《第二幻想曲》(Fantasy II);

4.《谐谑曲》(Scherzo)。

1907年,《三首匈牙利民歌》(*3 Hungarian Folk Songs*)。

1908年,《十四首钢琴小品》(*14 Bagatelles*,作品6)。

1908年,《十首简易钢琴小品》(*10 Easy Pieces*)。

1909年,《两首哀歌》(*2 Elegies*,作品8b)。

1908—1909年,《献给孩子们》(*For Children*,共4册,85首民歌改编曲)。

1910年,《两首罗马尼亚舞曲》(*2 Romanian Dances*,作品8a)。

1908—1910年,《七首速写》(*7 Sketches*,作品9b)。

1910年,《四首挽歌》(*4 Dirges*,作品9a)。

1908—1910年,《三首滑稽曲》(*3 Burlesques*,作品8c)。

1911年,《粗野的快板》(*Allegro Barbaro*)。

1915年,《小奏鸣曲》(*Sonatina*)。

1915年,《六首罗马尼亚民间舞曲》(*6 Romanian*

Folk Dances)。

1915年,《二十首罗马尼亚圣诞歌曲》(*20 Romanian Christmas Songs*)。

1916年,《组曲》(*Suite*,作品14)。

1914—1918年,《十五首匈牙利农民歌曲》(*15 Hungarian Peasant Songs*)。

1918年,《三首练习曲》(*3 Studies*,作品18)。

1920年,《八首匈牙利农民歌曲即兴曲》(*8 Improvisations on Hungarian Peasant Songs*,作品20)。

1926年,《奏鸣曲》(*Sonata*)。

1926年,《在户外》(*Out of Doors*)。

1926年,《九首钢琴小品》(*9 Little Piano Pieces*)。

1916—1927年,《三首回旋曲》(*3 Rondos*)。

1926—1939年,《小宇宙》(*Mikrokosmos*,共6卷153首)。

声乐曲（全为乐队伴奏及钢琴伴奏创作）

1904 年，《四首匈牙利民歌》(*4 Hungarian Folk Songs*)。

1905 年，《给小家伙》(*To the Little "Tót"*，5 首歌曲)。

1906 年，《二十首匈牙利民歌》(*20 Hungarian Folk Songs*，与科达伊合作，前 10 首为巴托克编配和声)：

1.《我远离家乡》(*Far behind I Left My Country*)；

2.《过江》(*Crossing the River*)；

3.《偷马贼》(*The Horse-thief*)；

4.《夏日的田野》(*In the Summer Field*)；

5.《青翠的庭院》(*In a Garder Green*)；

6.《我被爱人欺骗》(*Deceived in Love*)；

7.《爱情是负担》(*Love's a Burden*)；

8.《穿街走巷》(*Walking through the Town*)；

9.《骑马人》(*The Horseman*)；

10.《我的爱人去犁地》(*My Love Has Gone Aploughing*)。

1907年,《四首斯洛伐克民歌》(*4 Slovakian Folk Songs*)。

1915—1916年,《五首歌曲》(*5 Songs*,作品15,克拉拉·冈博西作词):

1.《吻》(*Kiss*);

2.《我的爱》(*My Love*);

3.《是梦是真》(*In Vivid Dreams*);

4.《我热切地等待》(*I Wait with Desire*);

5.《山谷里》(*In the Valley*)。

1916年,《五首歌曲》(*5 Songs*,作品16,安德烈·奥第诗):

1.《秋之泪》(*Autumn Tears*);

2.《秋天的回声》(*Autumn Echoes*);

3.《失去的满足》(*Lost Content*);

4.《只有我和大海》(*Alone with the Sea*);

5.《我不能去找你》(*I Cannot Come to You*)。

1907—1917年,《八首匈牙利民歌》(*8 Hungarian*

Folk Songs);

1.《黑土发了白》(*The Black Earth is White*);

2.《上帝啊上帝,请你叫河水涨满》(*My God, My God, Make the River Swell*);

3.《妇女们,让我参加吧》(*Women, Women, Let Me Join You*);

4.《我心头如此忧伤》(*Such Sorrow in My Heart*);

5.《我若上那高屋顶》(*If I Go Out on the High Roof*);

6.《他们在修整林中大道》(*They Are Mending the Forest Road*);

7.《春耕是我的工作》(*My Work is Ploughing in the Spring*);

8.《雪在融化》(*Snow is Melting*)。

1924 年,《乡村景色》(*Village Scenes*)。

1929 年,《二十首匈牙利民歌》(*20 Hungarian Folk Song*,共 4 卷):

第一卷：《悲伤的歌》(*Songs of Sorrow*)；

第二卷：《舞曲》(*Dance Songs*)；

第三卷：《杂曲》(*Miscellaneous Songs*)；

第四卷：《新式歌》(*Songs in a New Style*)。

1945年，《乌克兰民歌》(*Ukrainian Folk Song*，未发表)。

合唱音乐

1910年，《四首古老的匈牙利民歌》(*4 Old Hungarian Folk Songs*，四部男声合唱，无伴奏)：

1.《我早已告诉你》(*Long Ago I Told You*)；

2.《天啊，我在等谁?》(*Oh God, Whom Am I Waiting for*)；

3.《在小姨子的花园里》(*In My Sister-in-law's Garden*)；

4.《小子，好好装车》(*Boy, Load the Cart Well*)。

1915年，《两首罗马尼亚民歌》(*2 Romanian Folk*

Songs，四部女声合唱，无伴奏）。

1917 年，《五首斯洛伐克民歌》（*5 Slovak Folk Songs*，四部男声合唱，无伴奏）：

1.《嗨，同志们》（*Hey, My Comrades*）；

2.《如果要我去打仗》（*If I Must Go to War*）；

3.《我的同志们》（*My Comrades*）；

4.《我要是牺牲了》（*Ah, if I Fall*）；

5.《我前去作战》（*I Went Forth to Fight*）。

1917 年，《四首斯洛伐克民歌》（*4 Slovak Folk Songs*，四部混声合唱与钢琴伴奏）：

1.《波尼基地区婚礼歌》（*Wedding Song from Poniky*）；

2.《希亚德尔地区收割者之歌》（*Song of the Hanvesters from Hiadel*）；

3.《梅齐布罗德地区舞曲》（*Dance Song of the Medzibrod*）；

4.《波尼基地区舞曲》（*Dance Song from Poniky*）。

1930 年，《四首匈牙利民歌》（*4 Hungarian Folk*

Songs，混声合唱，无伴奏）：

1.《囚徒》(*The Prisoner*)；

2.《流浪者》(*The Wanderer*)；

3.《找个丈夫》(*Finding a Husband*)；

4.《歌》(*Song*)。

1930年，《世俗康塔塔》("Cantata Profana"，男高音、男中音独唱，合唱与乐队曲)。

1932年，《六首塞凯伊歌曲》(*6 Székely Songs*，六部男声合唱，无伴奏)：

1.《你老是叫我伤心》(*How Often You Have Grieved Me*)；

2.《上帝，我的生命》(*My God, My Life*)；

3.《纤细的丝，坚硬的籽》(*Slender Thread, Hard Seed*)；

4.《姑娘们都在基里恩法伐》(*In Kilyenfalva Girls Assemble*)；

5.《纤细的丝，坚硬的籽》(*Slender Thread, Hard*

Seed);

6.《跳舞吧神父》(*Dance, Priest*)。

1935年,《二十五首合唱曲》(*25 Choruses*,二部与三部童声合唱,有伴奏或无伴奏)。

1935年,《过去的日子》("From Olden Times",三部男声合唱,无伴奏)。

参考
文献

Ferenc Bónis（费伦茨·博尼斯）: *Béla Bartók—His Life in Pictures and Documents*（《贝拉·巴托克——图片和文献中的生活》）. Boosey and Hawkes, London, 1972.

János Deményi, ed.（亚诺什·德梅尼编）: *Béla Bartók Letters*（《贝拉·巴托克书信集》）. Faber & Faber, London, 1971.

Agatha Fassett（阿加莎·法塞特）: *The Naked Face of Genius—Béla Bartók's Last Years*（《天才的真面目——贝拉·巴托克的最后岁月》）. Gollancz, London, 1958

Paul Ignotus（保罗·伊格诺图斯）: *Hungary*（《匈牙利》）. Ernest Benn Ltd., London, 1972.

Lajos Lesznai（拉约什·莱斯奈）: *Béla Bartók*（《贝

拉·巴托克》). J. M. Dent & Sons, London, 1973.

Serge Moreux（瑟奇·莫雷克斯）: *Béla Bartók*（《贝拉·巴托克》). Harvill Press, London, 1953.

Halsey Stevens（哈尔西·史蒂文斯）: *The Life and Music of Béla Bartók*（《贝拉·巴托克的生活与音乐》). New York University Press, 1953/1964.

Benjamin Suchoff, ed.（本杰明·苏霍夫编）: *Béla Bartók Essays*（《贝拉·巴托克文集》). Faber & Faber, London, 1976.

József Ujfalussy（约瑟夫·乌伊法鲁西）: *Béla Bartók*（《贝拉·巴托克》). Corvina Press, Budapest, 1971.

Percy M. Young（珀西·M. 扬）: *Zoltán Kodály*（《佐尔坦·科达伊》). Ernest Benn Ltd, London, 1964.